KB206320

이야기 교과서 한국사 2

통일 신라와 발해의 남북국 시대

재미있는 우리 역사, 이야기로 정복하기

이야기 교과서 한국사 2

초판 1쇄 발행 2015년 7월 20일

글쓴이 문재갑
그린이 최승협

펴낸이 정백현
펴낸곳 아롬주니어
편집 노지선, 이진희
마케팅 서정원
관리 김경옥
디자인 드림스타트

출판등록번호 제 406-2006-0051호
주소 경기도 파주시 직지길 412번지
　　　　서울특별시 마포구 월드컵북로 162-4 1층(편집부)
전화 031-932-6777(본사) 02-326-4200(편집부)
팩스 02-336-6738
이메일 arommd@hanmail.net
홈페이지 www.arommedia.com
ISBN 978-89-93179-50-7 74910
　　　　978-89-93179-46-0 (세트)

이 도서의 국립중앙도서관 출판예정도서목록(CIP)은 서지정보유통지원시스템 홈페이지(http://seoji.nl.go.kr)와
국가자료공동목록시스템(http://www.nl.go.kr/kolisnet)에서 이용하실 수 있습니다. (CIP제어번호: CIP2015018313)

재미있는 우리 역사
이야기로 정복하기

이야기 교과서 한국사

통일 신라와 발해의 남북국 시대 2

글쓴이 **문재갑** | 그린이 **최승협**

아름주니어

한반도를 통일한 신라와 북방 강국 발해

서연이를 비롯한 세 남매는 외삼촌과 함께 시간 여행을 떠나 고조선과 삼국 시대를 살펴보았어요. 서연이는 사실 하루에 두 시간씩 시간 여행을 약속할 때, 이번 방학은 마음껏 놀 수 있겠다는 생각을 했어요.

그런데 어찌된 셈인지 지난 10여 일 동안 신나게 놀기는커녕, 하루하루가 그 어느 때보다 바쁜 날들의 연속이었어요. 지난 시간에 둘러보았던 내용을 정리하고, 다음 시간 여행을 위한 준비를 하다 보니 놀 시간이 거의 없었던 거예요.

그렇다고 해서 불만스러운 것은 아니에요. 날마다 다음 시간 여행에 대한 기대감 때문에 가슴이 설레곤 했으니까요. 그래서 누가 시키지도 않았는데 아침부터 자연스럽게 자료를 찾고는 했지요.

서연이는 그동안 마음속으로 책벌레 은서 언니를 부러워했는지도 몰라요. 어쩌면 개구쟁이 재윤이 수준에 가까운 서연이가 아닌, 은서 언니의 라이벌인 고서연이 되고 싶었던 것일 수도 있어요.

어쨌든 서연이는 이번 방학이 무척 재미있어요. 여행이라고는 고작 당일치기로 외할머니와 외할아버지가 계시는 시골에 다녀온 것이 전부였지만, 거짓말처럼 그에 대한 서운함도 전혀 없을 정도예요.

이제 삼국을 통일한 신라와 고구려의 후예 대조영이 세운 해동성국 발해가 공존했던 남북국 시대로 향하는 시간 여행을 떠나게 되네요. 서연이는 오늘부터 재윤이를 조금 더 다독거려가면서 자료 조사를 함께 해, 더욱 알찬 시간 여행을 할 계획이랍니다.

자, 그러면 우리 함께 통일 신라와 발해의 남북국 시대로 떠나 볼까요?

서연

깜찍한 소녀. 방학 때 놀 생각에 한껏 부풀어 있다. 시간 여행을 하자는 외삼촌의 제안에 잠시 심드렁했으나, 역사 이야기를 들을수록 알려고 하는 열정이 넘친다. 막내 재윤이의 친누나.

은서

무슨 책이든 한번 잡으면 놓지 않는 소녀. 서연이와 재윤이의 사촌이다. 역사를 사랑하는 마음이 남달라 초등학생이라고 보기 힘들 정도의 지식을 갖고 있다.

재윤

못말리는 장난꾸러기. 가끔 엉뚱한 이야기를 해서 모두를 멘붕에 빠뜨린다. 모르는 것을 아는 척하길 좋아하는데, 가끔 맞는 경우가 있다.

외삼촌

역사학과에 다니는 대학생. 군대를 갓 다녀와 아르바이트를 하면서, 시간을 쪼개 조카들에게 바른 역사를 가르쳐 주고 싶어 하는 역사 지킴이.

| 차례 |

1 고구려와 수·당의 전쟁, 그리고 신라의 삼국 통일

1 고구려와 수·당의 대결

2 신라·당 연합과 백제·고구려의 멸망

2 신라와 발해의 남북국 성립과 발전

3 한반도를 통일한 신라의 변화

4 고구려의 뒤를 이은 해동성국 발해의 등장

3 불교에 **뿌리**를 둔 남북국의 **문화**

4 신라의 사회 변화와 후삼국의 등장

1

고구려와
수·당의 전쟁,
그리고 **신라**의 **삼국 통일**

1
고구려와
수·당의 대결

중·고등학교 교과서 관련 단원

•중등 역사 교과서 :
〈단원 3-1 고구려의 수·당 격퇴와 신라의 삼국 통일〉

•고등 한국사 교과서 :
〈단원 1-4 신라, 삼국을 통일하다〉

으악!

수나라 우중문을 물리친 을지문덕

고구려와 백제, 그리고 신라의 세력 키우기 경쟁은 6세기 후반으로 접어들면서 더욱 치열해졌어요. 551년 백제와 신라의 연합군에게 한강 유역을 빼앗기면서 위기를 맞은 고구려가 안정을 되찾으면서, 한반도에서는 팽팽한 긴장감이 조성되었지요.

그 무렵 북주의 정제에게 제위를 물려받은 대승상 양견은 나라 이름을 수나라로 바꾼 뒤(581년), 오랜 세월 동안 분열되었던 남북조를 통일하면서 589년에 중국을 재통일했어요. 그리고 시선을 나라 밖으로 돌려 고구려와 돌궐을 압박하기에 이르지요.

서연이는 바로 그때가 남북국 시대로 향하는 시간 여행의 출발점이라고 생각했어요.

외삼촌의 이야기가 시작되었어요.

"중국 대륙을 통일한 수나라의 문제(양견)는 자신감이 넘쳤어. 내친

김에 동쪽의 강국 고구려의 기세까지 꺾어버리고 싶었던 거야. 그래서 염탐꾼을 보내 고구려의 지형과 내부 상황을 자세히 알아보게 했지."

마른침을 꼴깍 삼킨 재윤이가 물었어요.

"고구려는 가만히 있었어요?"

외삼촌이 고개를 저으며 말했어요.

"고구려 역시 중국 대륙에 심어 놓은 정보원이 있었기 때문에, 중국을 통일한 지 10년도 되지 않는 수나라가 전쟁 준비에 열심이라는 사실을 일찌감치 알았어. 그래서 고구려도 수나라의 공격에 대비한 방어 준비를 은밀하게 하고 있었지."

"서로 비밀을 들켜버린 거네요?"

"그렇지. 그런 와중에 수나라 문제가 고구려에 사신을 보내 건방지게 대국을 공격하려 한다며 심하게 꾸짖은 거야."

재윤이가 발끈하며 목소리를 높였어요.

"문제라는 사람, 진짜 문제가 많네요! 나는 괜찮지만 너는 안 된다는, 그런 억지가 어디 있어요?"

"그러게 말이다. 하지만 고구려 영양왕은 수 문제의 그런 반응을 예상하고 있었어. 그래서 598년 말갈과 연합해 요서 지방을 기습 공격한 거야."

재윤이의 얼굴이 환하게 펴졌어요.

"고구려가 먼저 공격을 했다고요?"

"그래. 비록 요서 지방을 빼앗지는 못했지만, 수나라의 북방 요충지에 큰 타격을 입힐 수 있었지."

"우와, 우리 고구려 진짜 대단하다!"

재윤이가 감탄하고 있을 때, 은서 언니가 장난스럽게 말했어요.

"그걸 핑계로 수나라가 공격을 시작했는데?"

"정말?"

"그것도 30만 대군을 동원해 쳐들어왔는데?"

"허걱!"

"하지만 수나라 군대는 장마와 폭풍, 그리고 전염병과 식량 부족 때문에 사기가 바닥으로 떨어져 버렸어. 게다가 고구려 장군 강이식의 철통같은 방어 작전에 막혀 제대로 된 싸움 한번 못하고 철수하고 말

았지."

"에이, 누나. 깜짝 놀랐잖아!"

재윤이가 안도의 한숨을 내쉬었어요. 재윤이의 그런 반응을 예상이라도 했다는 듯, 은서 언니가 곧바로 말을 이었어요.

"그런데 아버지 문제의 뒤를 이어 수나라 두 번째 황제가 된 양제는 612년 봄, 육군과 해군 113만 명을 직접 이끌고 고구려를 공격해 왔어."

"엥! 113만 명이라고?"

"그렇다니까!"

"지금 우리나라 육해공군 군인들을 다 합해도 60만 명 정도인데,

1500년 전에 113만 명이라니……. 이건 말도 안 돼!"

남자아이인 까닭인지 군인이나 군대에 관심이 많은 재윤이가 구체적인 숫자까지 나열해 가며 망연자실한 표정을 지었어요.

"수나라 육군은 우리가 요하라고 부르는 랴오허 강을 사이에 두고 고구려군을 만나 고전을 거듭한 끝에, 강가에 도착한 지 두 달이 지나서야 가까스로 건널 수 있었어. 그리고 고구려로 향하는 관문이라고 할 수 있는 요동성을 겹겹이 에워싸고는 전면적인 공격을 퍼부었지."

"하여튼 중국 사람들은 단순 무식한 방법을 좋아해. 자기네들이 조금 불리하다 싶으면 무조건 사람 머릿수로 밀어붙인다니깐!"

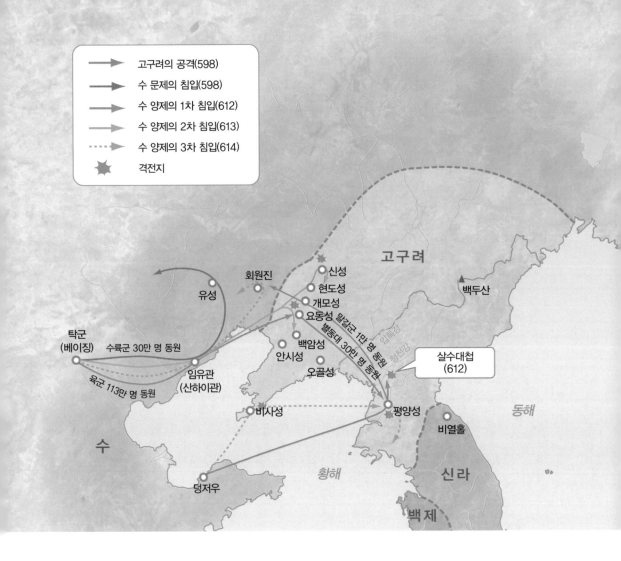

재윤이의 엉뚱한 말에 서연이와 은서 언니는 큰 소리로 웃었어요.
외삼촌은 그런 세 남매의 모습을 흐뭇한 표정으로 지켜보고 있었지요.

잠시 후, 고구려와 수나라의 전쟁에 대해 모르는 것이 없을 것만 같
던 은서 언니가 외삼촌에게 물었어요.

"그런데 외삼촌, 재윤이 말처럼 떼로 몰려드는 수나라 병사들의 그
엄청난 공격을 고구려가 어떻게 막아 낼 수 있었는지 이해가 되지 않아

요. 아무리 용감하다 해도 한계가 있는 거잖아요?"

외삼촌이 고개를 끄덕이며 입을 열었어요.

"단순하게 두 나라의 군사력만을 놓고 생각한다면 고구려는 절대로 요동성을 지켜 낼 수 없었을 거야."

"그렇다면 다른 무언가가 있었다는 건가요?"

"수나라의 자만심을 이용한 고구려 진영의 교묘한 작전이 정확하게 맞아떨어진 결과라고나 할까?"

그때 재윤이가 불쑥 물었어요.

"그렇다면 요동성을 끝내 빼앗기지 않았다는 말이네요?"

외삼촌의 설명이 계속되었어요.

"수많은 희생자를 내기는 했지만, 어렵사리 요하를 건넌 수나라 진영에서는 이제 무조건 이긴 전쟁이라는 생각을 했을 거야. 비록 많은 병사들이 목숨을 잃기는 했지만, 비교도 할 수 없는 엄청난 전력을 갖추고 있었으니까 패배는 꿈에도 생각하지 않았겠지."

"그러면 고구려는요?"

"요동성은 어떻게든 시간을 끌며 버텨야 했어. 그래야만 도읍지인 평양성이 수나라군의 공격에 대응하기 위한 준비를 할 수 있을 테니까……"

"다윗과 골리앗의 싸움이랑 똑같네요."

"요동성에 갇힌 고구려 병사들은 죽기를 각오하며 성을 지키다가 수나라 군사들이 총공격을 하기 직전 항복을 하겠다며 시간을 달라고 했

어. 그래서 수나라 군대가 한 발짝 물러나면 그 틈을 이용해 방어를 위한 전열을 갖추고는 했지."

"수나라가 그대로 물러나지는 않았을 거 아니에요?"

"물론 그랬지. 하지만 요동성을 지키고 있던 고구려군은 거짓 항복을 몇 차례 거듭하면서 시간을 최대한 끌었어. 바닷길을 통해 평양성을 직접 공격하던 수나라 해군 역시 고구려군의 거짓 패배 작전에 말려들어 치명적인 타격을 입고 말았단다."

"그래서 어떻게 되었어요?"

"화가 머리끝까지 치밀어 오른 수 양제는 우중문 등에게 부대원 중에서 건장하고 용감한 병사 30만 명으로 구성된 별동대를 이끌고 평양성을 직접 공격하라는 명령을 내렸어.”

재윤이가 눈동자를 반짝이며 물었어요.

“세상에! 별동대 숫자가 30만 명이라고요?”

“무려 113만 명을 이끌고 동쪽으로 진군했으니 가능한 일이었지. 여하튼 수나라 장군 우중문은 요하 전투와 요동성 전투에서의 실패를 평양성 공격으로 만회하고 싶었어. 그래서 그 어느 때보다 강력하게 자신의 부대원들을 다그치며 과감한 공격 명령을 내렸단다.”

“제가 장군이라도 그랬을 거 같아요.”

서연이는 이미 그 부분에 대한 자료를 충분히 찾아 놓았어요.

큰 공을 세워 황제의 칭찬을 받고 싶었던 우중문은 모든 병사들에게 100일분의 식량을 나누어 주었답니다. 그런데 그들은 이미 개인용 갑옷과 무기를 지니고 있었고, 천막이나 깃발 등 행군과 함께 옮겨야 할 것이 한두 가지가 아니었지요.

거기에 100일 동안 먹을 식량까지 더해지자 수나라 병사들은 무게를 감당하기가 어려웠어요. 그래서 계급이 낮아 들고 갈 것이 많은 졸병들은 대부분 구덩이를 파고 식량을 묻어 버렸답니다. 평양성으로 가는 도중에 고구려 백성들의 양식을 빼앗아 먹으면 된다고 생각했던 것이지요.

외삼촌의 이야기가 이어졌어요.

“하지만 고구려 장군 을지문덕은 수나라 진영의 그러한 상황을 정확

하게 꿰뚫고 있었어. 거짓으로 항복을 선언하면서 수나라 진영에 들어가 회담할 때 수나라 병사들의 움직임을 면밀하게 살펴 두었던 거야."

서연이가 오랜만에 입을 열었어요.

"그래서 을지문덕 장군이 평양으로 향하는 길목의 모든 마을 백성들에게 쌀 한 톨 남겨 놓지 말고 피난을 떠나라는 명령을 내린 거군요? 수나라 병사들을 굶겨 힘을 쓰지 못하게 하려고 말예요."

외삼촌이 고개를 끄덕였어요.

"맞아. 청야전술淸野戰術이라고 부르는 그 작전으로 인해 수나라 병사들은 쫄쫄 굶을 수밖에 없었지. 그럼에도 불구하고 수나라 병사들은 고구려군을 만나 싸우는 족족 이기는 거야. 그런 일이 반복되면서 우중문이 이끄는 수나라 별동대는 어느덧 고구려의 도성인 평양성 근처에 도착하게 되었단다."

재윤이가 목소리를 높였어요.

"을지문덕 장군의 유인작전에 제대로 말려들었네요!"

"그래. 수나라 별동대가 목표했던 지점까지 끌려들자 을지문덕 장

군은 수나라 우중문에게 〈여수장우중문시〉를 지어 보냈지."

은서 언니가 미리 공부해 놓은 자료 속에서 을지문덕 장군의 시를 찾아내 나지막한 목소리로 읊었어요.

"그대의 신묘한 계책은 천문을 꿰뚫어 볼만하고, 오묘한 전술은 땅의 이치를 모조리 알도다. 전쟁에 이겨 공이 이미 높아졌으니, 만족을 알거든 그만 돌아가시구려."

외삼촌이 은서 언니의 머리를 쓰다듬으면서 말을 이었어요.

"그제야 우중문은 정신이 퍼뜩 들었지. 크고 작은 전투에서 끊임없이 패하고 도망치기를 반복한 것이 을지문덕의 작전이었다는 사실을 뒤늦게 깨달은 거야. 그래서 서둘러 군대를 되돌렸지만, 사태는 이미 돌이킬 수 없는 지경에 이른 뒤였어."

앗싸!

딱
걸렸어!

재윤이가 신이 나서 외쳤어요.

"아! 을지문덕 장군의 살수 대첩!"

"그래. 모든 것을 예상해 병력을 배치
해 놓은 을지문덕 장군은 퇴각하는 수나라
별동대를 곳곳에서 공격했어. 그리고 지금의 청
천강인 살수에 이르렀을 때 상류에 막아 놓았던 보를
터뜨렸지. 갑자기 불어난 물 때문에 수나라 병력이 둘로 나누어지면서
혼란에 빠지자 총공격 명령을 내려 완벽한 승리를 거두게 된 거야."

서연이는 612년에 있었던 을지문덕 장군의 살수 대첩이 세계 전쟁사
에서도 손꼽힐만한 승리였다는 사실이 새삼 자랑스럽게 여겨졌어요.

끝까지 저항하는 요동성을 멀리 돌아 평양성으로 진격했던 수나라

으악!

별동대 30만 명 중에서 살아서 돌아간 사람은 겨우 2700여 명에 불과했지요.

을지문덕 장군은 치밀한 전술과 뛰어난 전략으로 완벽에 가까운 승리를 거두었고, 바람 앞의 등불처럼 위태롭기만 했던 고구려를 위기에서 구할 수 있었습니다.

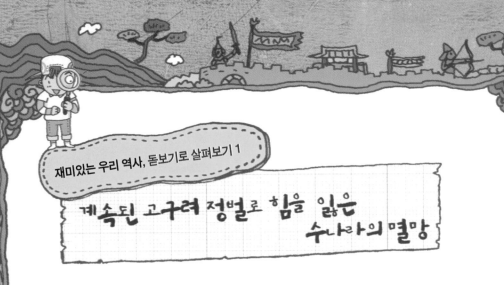

계속된 고구려 정벌로 힘을 잃은 수나라의 멸망

수나라는 589년 중국 대륙을 통일해 동북아시아의 새로운 강국으로 자리를 잡았습니다. 하지만 두 번째 황제 양제의 방탕한 생활과 고구려와의 무리한 전쟁은 수많은 지방 태수들이 반란을 일으키는 원인이 되었습니다.

612년 제1차 고구려 정벌에서 참패 이후, 613년 또다시 고구려 정벌에 나서지만 예부상서 양현감이 반란을 일으켰습니다. 그래서 수 양제는 서둘러 회군을 하게 되고, 양현감의 반란은 진압되었습니다.

그러자 614년, 수 양제는 한 번 더 고구려 원정길에 올랐습니다. 나라 안 130여 곳의 지방 태수들이 반란을 일으켜 혼란스럽기 그지없음에도 불구하고, 30만 대군을 꾸려 고구려로 향한 것입니다. 하지만 별다른 소득도 없이 전쟁은 막을 내리고 말았습니다. 내부 반란 때문에 전쟁에 집중할 수가 없었던 까닭이었지요.

결국 수 양제는 고구려와의 무리한 전쟁을 고집하는 바람에 통치력을 상실하게 되었고, 618년 근위대장 우문화급에 의해 목숨을 잃고

말았습니다. 침략을 당한 고구려는 건재한 반면, 공격을 한 수나라가 건국한 지 37년 만에 멸망(581~618)하게 된 것입니다.

한편 고구려는 서쪽 영토는 지키고 남쪽 영토를 넓혀야 한다는 영양왕의 이복동생 고건무 세력과, 남쪽은 지키고 서쪽을 공격해 영토를 넓혀야 한다는 을지문덕 세력이 맞서게 되었습니다.

하지만 오부五部가귀족을 등에 업은 고건무 세력이 더 강해 대륙을 정복하려는 서진 정책은 써 보지도 못한 채 묻히고 말았습니다. 수나라와 당나라가 교체되던 혼란기에 영토를 크게 넓힐 수 있는 절호의 기회를 영원히 잃고 말았던 것입니다.

당나라의 공격을 막아 낸 고구려의 기상

서연이는 은서 언니와 함께 외삼촌이 퇴근하기 전까지 여러 가지 자료를 찾아 읽어 보았어요. 그리고 고구려와 당나라의 대결에 상당한 흥미를 갖게 되었답니다. 우리 한민족의 기상이 고스란히 드러나는 전쟁이 거듭되었기 때문이에요.

서연이는 낮에 익혔던 내용을 머릿속으로 정리해 보았어요.

고구려와의 전쟁에서 크게 패배했음에도 불구하고 방탕한 생활을 계속하던 수 양제가 암살당하면서 수나라는 건국 37년 만에 역사 속으로 사라졌어요. 그 뒤를 이어 반란 세력 중 규모가 가장 컸던 태원 유수 이연이 둘째 아들 이세민을 앞세워 당나라를 건국했지요(618).

당나라의 실질적인 권력자가 된 이세민은 624년, 각 지방의 호족 세력과 반란군을 모두 제압해 중국 대륙을 다시 통일했어요. 나아가 자신이 황제에 오르는 데 걸림돌이 될 수 있는 형제들을 죽인 뒤, 당나라 초

대 황제이자 아버지인 이연(당 고조)을 협박해 626년 9월 4일 보위를 물려받았답니다.

한편 중국 대륙이 혼란에 빠져 있을 때, 고구려는 수나라와의 거듭된 전쟁으로 피폐해진 백성들의 삶을 예전으로 되돌려 놓기 위해 노력을 기울였어요. 그리고 대륙의 새 주인이 된 당나라 황제 고조에게 사신을 보내 호의적인 태도를 보여, 수나라와의 전쟁 때 끌려간 포로를 교환하는 등 좋은 관계를 유지했지요.

외삼촌의 이야기가 이어졌어요.

"당 태종 이세민이 즉위한 이후 고구려와 당나라의 사이는 크게 변하기 시작했어. 주변의 크고 작은 나라들을 모두 복속시킨 당 태종의 입장에서, 마지막 남은 동쪽의 강국 고구려만 정복하면 중국 역사상 가장 큰 영토를 가진 제국의 황제로 거듭날 수 있었거든. 게다가 고구려는 수나라가 멸망하는 데 결정적인 역할을 했던 나라인 만큼 기세를 꺾어 놓을 필요가 있었던 거야.”

재윤이가 물었어요.

“이번에도 고구려가 먼저 당나라를 공격했어요?”

“아니, 당나라의 낌새를 눈치 챈 고구려는 동북쪽 부여성부터 서남쪽 비사성을 잇는 천리장성을 쌓기 시작했단다. 영류왕은 왕명을 내려 연개소문에게 그 공사를 책임지고 감독하도록 했어.”

은서 언니의 질문이 이어졌어요.

“연개소문이 그때부터 정권을 잡은 거예요?”

“그렇지 않아. 연개소문은 을지문덕 장군처럼 대륙 쪽으로 나라의 영토를 넓혀야 한다는 강경파였어. 하지만 기득권을 놓지 않으려는 중앙 귀족들은 그 반대였지. 그런 가운데 연개소문은 천리장성 축조와 함께 세력을 키워 나갔고, 이에 위협을 느낀 중앙 귀족들은 머리를 맞대고 연개소문을 암살하려는 계획을 세웠단다.”

“그런 사실을 눈치 챈 연개소문이 먼저 공격을 했군요?”

“연개소문 입장에서 성공하면 영웅이 되지만, 실패하면 역적으로 내몰릴 수밖에 없는 승부수를 던진 거지. 그는 자신의 부하들에게 열병식을 준비시킨 뒤 중앙 귀족들을 초대했어.”

“귀족들은 그 초대에 순순히 응했나요?”

"평상시 같으면 이러저런 핑계로 참석하지 않을 수도 있었을 거야. 하지만 중앙 귀족들은 암살 계획을 세워놓은 터라 연개소문을 최대한 안심시킬 필요가 있었지. 그러니 모두들 열병식장으로 갈 수밖에……."

"그래서 어떻게 되었어요?"

"초대에 응해 자신의 부대로 찾아온 100여 명의 귀족들을 모두 죽인 연개소문은, 그 길로 궁궐로 쳐들어가 영류왕의 목숨까지 빼앗아 버렸어. 그러고는 훗날 고구려의 마지막 임금으로 역사에 기록된 보장왕을 보위에 앉혔단다. 게다가 스스로 대막리지가 되어 귀족 회의가 갖고 있던 군사권과 조정인사권을 장악한 이후 절대 권력을 행사하면서, 당나

라는 물론 당나라와 가까운 관계를 맺고 있는 신라에 대해 강경한 대응을 하기 시작했지."

은서 언니가 고개를 끄덕이며 말했어요.

"당나라에 대해 강경파인 연개소문이 고구려 정권을 장악했으니 당 태종의 마음은 더욱 다급해졌겠네요. 그래서 서둘러 공격을 했을 테고요."

"당 태종이 고구려 공격 명령을 내린 것은 644년 6월이었어. 연개소문의 영류왕 시해 사건을 구실 삼아 약 50만 명에 이르는 대군으로 원정대를 편성해 동쪽으로 보낸 거야. 도성을 출발한 당나라 군대가 요동에 도착한 것은 11월 초순이었지. 수나라 때의 실패를 반복하지 않기 위해 고구려의 튼튼한 성들을 효과적으로 공격할 수 있는 무기들을 함께 옮기느라 많은 시간이 걸렸던 거야."

전쟁 이야기에 빠져 마른침을 계속 삼키고 있던 재윤이가 물었어요.

"그런데 당 태종은 내내 궁궐에만 있었던 거예요?"

외삼촌이 고개를 저었어요.

"당 태종은 그 다음해 2월에 지원부대를 꾸려 낙양에서 출발했단다. 그래서 고구려 원정에 참여한 병력은 무려 100만 명이 넘게 된 거야."

"수나라의 113만에 이어, 이번에는 100만 명이라고요?"

"그렇다고 해서 그 많은 병력이 모두 전투에 참가한 것은 아니야."

재윤이의 질문이 이어졌어요.

"전쟁터에 간 군인이 전투를 하지 않는다면……?"

"전쟁이라고 하면 일반적으로 자신이 가진 무기를 이용해 얼마나 많은 적군을 죽이느냐에 따라 승패가 결정되는 것으로 생각하기 쉬운데, 사실은 그렇지 않아."

"예? 어떤 전쟁이든 적군을 많이 죽여야 이기는 거 아닌가요?"

전쟁 이야기에 재윤이의 궁금증은 자꾸만 커져가는 듯 했어요. 서연이도 외삼촌의 이번 이야기는 선뜻 이해할 수가 없었지요. 은서 언니 역시 마찬가지인 듯, 두 눈을 반짝이며 외삼촌을 바라보았어요.

"물론 그렇지. 하지만 우리 병사들이 적군과 싸워 이기기 위해서는 우선 충족되어야 할 여러 가지 조건들이 있어. 교통이 발달하지 않았던 옛날에 벌어진 전쟁은 더더욱 그랬단다."

이번에는 은서 언니가 물었어요.

"그 조건이 뭔데요?"

"군대에서는 그걸 보급이라고 하는데, 전쟁터에 나간 병사들이 힘껏 싸울 수 있도록 뒷받침을 해 주는 일이야. 이를테면 배를 곯지 않도록 식량을 지원해 줘야 하고, 한 번 쓰면 없어져 버리는 화살 역시 끊임없이 지원해 줘야 하지 않겠니?"

외삼촌의 설명에 세 남매는 동시에 고개를 끄덕였어요. 그리고 자칭 전쟁 전문가라는 재윤이가 한마디 거들었지요.

"맞아! 식량, 무기, 의복, 그리고 부상자 치료를 위한 약 등등……. 그런 것들이 필요할 때 없으면 제대로 된 전쟁을 할 수가 없을 거야!"

서연이는 재윤이의 말에 충분히 공감할 수 있었어요. 그리고 운송 수단이 발달하지 않았던 옛날에는 군수물자를 보급하는 일이 전쟁터에서 싸우는 일보다 더 어려웠을 수 있었으리라는 생각이 들기도 했지요.

외삼촌의 이야기가 계속되었어요.

"특히 먼 거리를 이동해야 하는 정복 전쟁을 할 때는 전투 병력보다

36

지원 병력이 두 배 이상 많은 경우도 있단다. 고구려를 공격한 당나라 역시 전쟁터가 멀어서 군수물자 보급에 어려움이 많았지. 그나마 좁은 길을 다닐 수 있도록 바퀴 하나 달린 수레를 개발해 짐을 옮긴 덕분에, 수나라가 고구려를 침략할 때에 비해서는 훨씬 수월해지기는 했지만 말이다."

그런 어려움 속에서도 당나라는 대대적인 공격을 감행했어요. 기필코 고구려의 기세를 꺾어 놓고 말겠다는 당 태종 이세민의 의지가 강했던 것이지요. 게다가 황제가 전장에 도착하자 당나라 병사들의 사기는 그야말로 하늘이라도 찌를 만큼 높아졌답니다.

이에 고구려의 여러 성들은 성문을 굳게 닫아걸고 모든 병력 배치를 수비 체제로 전환했어요. 당나라와 견주어 군사력이 절대적으로 부족한 상황에서 정면승부는 곧 패배를 의미하기 때문이었지요. 나아가 성이 워낙 견고한 까닭에 웬만해서는 함락당하지 않을 것이며, 수비 작전

으로 시간을 끌다 보면 먼 거리를 이동해 온 적군이 지치고 말 것이라는 기대심리도 있었답니다.

서연이가 낮 동안 예습했던 부분을 떠올리고 있을 때, 재윤이가 외삼촌을 재촉했어요.

"그래서 어떻게 되었어요?"

"당나라 역시 고구려의 수비 작전을 예상하고 만반의 준비를 한 뒤 원정길에 올랐지. 우선 새로운 무기를 개발해 가져온 거야."

"창이나 칼, 그리고 화살 이외의 다른 무기를 만들었다고요?"

"황제가 바뀌고 수나라는 당나라가 되었지만, 부대를 이끄는 장군들은 거의 그대로였어. 따라서 수나라가 고구려와의 전쟁에서 왜 패배하게 되었는지 잘 알고 있었지. 요동 지역의 고구려 성들이 얼마나 튼튼한지를 뼛속 깊이 기억하고 있었던 거야."

은서 언니가 고개를 갸웃하며 입을 열었어요.

"화약이 전쟁에 사용된 것은 당나라에서 송나라로 넘어갈 즈음이었으니까 총이나 포를 만들지는 않았을 테고……. 그렇다면 새로운 무기라고 할 만한 것이 없을 것 같은데요?"

외삼촌이 흐뭇한 미소와 함께 은서 언니를 칭찬했어요.

"우와! 화약 사용 시기까지……. 우리 은서, 대단한데!"

서연이 역시 외삼촌과 같은 생각이었지요. 재윤이는 아예 드러내 놓고 은서 누나를 향해 존경심이 우러나는 눈빛을 쏘아 대고 있었고요.

"에이, 자료를 찾다가 우연히 얻어걸린 거예요."

은서 언니의 손사래와 함께 외삼촌의 설명이 이어졌어요.

"당나라는 고구려의 견고한 성을 무너뜨리기 위해 세 가지 무기를 개발했단다. 그 하나는 당차라고 부르는 무기인데, 끝에 뾰족한 철심

당차

을 박은 거대한 통나무를 실은 큰 수레란다. 두드리거나 찔러 부딪친다는 뜻의 당撞자를 쓴 당차는 여러 사람이 멀리서부터 있는 힘껏 밀고 달려와 성벽이나 성문에 부딪쳐 깨부수는 무기였어."

외삼촌의 말이 끝나기도 전에 재윤이가 박수를 치며 외쳤어요.

"나도 봤어요! 역사극 전쟁 장면에서 본 적이 있어요. 그러면 나머지 두 개는 뭐예요?"

"또 하나는 운제라는 무기야. 운제는 반으로 접을 수 있는 긴 사다리를 실은 수레로, 성 밖에 있는 아군이 성벽을 타고 넘을 수 있도록 하기 위해 만들었어. 구름에 닿을 만큼 높이 올라갈 수 있다고 해서 구름 운雲자를

운제

쓴 운제 끝에는 쇠고리를 달아 성벽에 걸릴 수 있도록 제작되었지."

거듭되는 전쟁과 무기 이야기에 신이 난 재윤이가 까만 눈동자를 유난히 반짝이며 다음 이야기를 재촉했어요.

"그렇다면 나머지 하나는요?"

"발석차라는 무기야. 지렛대와 관성의 원리를 이용해 커다란 돌을 멀리 던질 수 있도록 만든 장치야. 그러니까 앞부분에 무거운 추를 달아 놓고, 뒤쪽 끝부분의 줄을 당겨 바구니에 돌을 얹은 다음 팽팽해진 줄을 끊으면 바구니 속 돌이 포물선을 그리며 성벽 너머까지 날아가 성 안으로 떨어지는 거지."

발석차

41

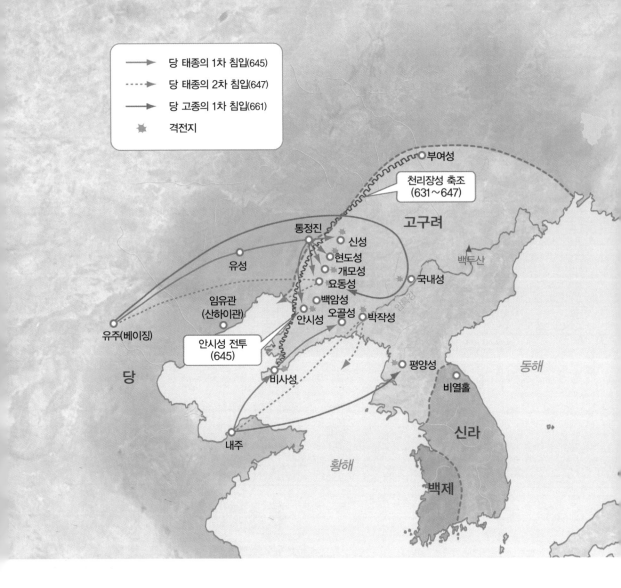

재윤이가 제대로 이해하지 못한 듯 고개를 갸웃거리자, 외삼촌은 종
이에 그림까지 그리면서 설명을 덧붙여 주었어요. 덕분에 내색을 하지
는 않았지만 알쏭달쏭했던 서연이도 확실하게 고개를 끄덕일 수 있었
답니다.

"사실 고구려는 몇 해 전 수나라와 겨루어 이긴 경험이 있기 때문에
크게 걱정을 하지 않았어. 성문을 굳게 닫아걸고 무작정 버티다 보면

당나라 대군 역시 머지않아 물러갈 것이라는 안
이한 생각을 하고 있었던 거야."

은서 언니가 혼잣말처럼 중얼거렸어요.

"아, 그래서 여러 성들이 차례로 무너져 버렸
구나! 대군을 동원한 당나라는 철저하게 전쟁
을 준비했는데, 군사력이 훨씬 약한 고구려는
오히려 긴장을 풀고 있었으니……."

외삼촌의 이야기가 계속되었어요.

"옳은 말이야. 게다가 당나라는 병력 일부를 빼돌려 북쪽으로 크게
우회시킨 뒤, 고구려가 전혀 예상하지 못하고 있던 지역을 기습하는 작
전을 펼치기까지 했지. 그 결과 고구려의 요동성과 백암성 등 국경을
지키고 있던 거의 모든 성들이 속절없이 무너지고 말았어."

고구려의 여러 성들이 당나라에 함락되어 버렸다는 말에 기운이 빠
진 재윤이가 작은 목소리로 물었어요.

"고구려는 그렇게 멸망하고 말았던 거예요? 그동안 잘 버텨오다 딱
한 번 방심했을 뿐인데……."

외삼촌이 고개를 가로저었어요.

"고구려와 당나라의 전쟁은 아직 끝나지 않았어."

"예?"

"가장 중요한 군사적 요충지라고 할 수 있는 안시성이 남아 있었
거든."

"아……!"

재윤이의 입에서 안도의 한숨이 새어 나왔어요.

외삼촌이 음료수를 건네주며 들쭉날쭉해진 재윤이의 감정을 진정시키는 동안, 서연이는 미리 조사해 두었던 안시성 싸움 관련 자료들을 머릿속으로 정리해 보았어요.

주변의 성들을 대부분 함락시킨 당 태종은 병력을 안시성으로 집결시켜 여러 겹으로 포위했어요. 하지만 안시성 공략은 결코 쉽지가 않았지요. 그곳이 무너지면 나라가 멸망할 수도 있다는 사실을 익히 알고 있던 군사와 백성들이 한마음이 되어 당나라 대군에 저항했던 까닭이었어요.

게다가 요동성이나 개모성 등 평지에 가까운 성들을 공격할 때 엄청난 위력을 발휘했던 새로운 무기들이 비탈진 산을 의지해 축조해 놓은 안시성 공격에는 큰 힘을 쓸 수가 없었어요.

또한 수십만 대군이 총공격을 감행해 성 일부를 허물어 놓으면 안시성 안에 있던 군사와 백성들은 곧바로 바위를 굴리고 통나무를 옮겨와 쌓아 놓으니, 당나라 군영에서는 그저 답답할 뿐이었지요. 시간이 흘러 겨울은 다가오고, 군량마저 바닥을 보이기 시작하자 당나라의 고민은 깊어지기만 했어요.

결국 당 태종은 끝까지 남겨 두었던 비장의 무기를 꺼내들 수밖에 없었어요. 그것은 바로 안시성 코앞에 흙산을 쌓는 일이었지요. 60여 일 동안 총인원 50만 명을 동원해 흙으로 산을 쌓아 올렸는데, 그 산 정상에서는 안시성 내부의 움직임을 파악할 수 있을 정도로 높았어요.

당 태종은 정예군 500명을 새로 만든 흙산 정상에 주둔시켜 안시성을 감시하게 했어요. 그런데 예기치 않았던 일이 벌어지고 말았지요. 갑자기 비가 내리는 바람에 흙산이 절반쯤 허물어져 버린 거예요.

고개를 갸웃거리던 서연이가 외삼촌에게 물었어요.

"비가 얼마나 내렸기에 그 엄청난 산이 무너져 내렸을까요?"

외삼촌이 빙그레 웃으면서 대답했어요.

"글쎄다. 그건 나도 모르겠는데? 그래서 이번에는 우리 재윤이 생각을 들어 보고 싶구나. 흙산을 무너뜨릴 정도의 비라면 얼마만큼이었을지 말이다."

외삼촌의 갑작스러운 질문에 재윤이의 눈동자가 바삐 움직였어요. 그리고 자신을 향하고 있는 세 사람의 눈치를 흘끔 살핀 뒤 조심스럽게 입을 열었지요.

"으음, 그러니까 제 생각에는 어쩌면, 가랑비 정도였을 거예요."

재윤이의 황당한 얘기에 은서 언니가 발끈했어요. 평소처럼 장난기가 발동한 것이라고 여긴 것이지요.

"애가! 너 지금 장난하는 거야?"

그러자 재윤이가 정색을 하며 항변했지요.

"그런 거 아니야, 누나! 금방 쌓아 올린 흙산이잖아!"

"누가 아니라니? 가랑비에 산이 무너진다고?"

그때 외삼촌이 나서서 중재를 했어요.

"그러지 말고 일단 이야기를 더 들어 보는 것이 좋겠다. 우리 재윤이는 왜 그런 생각을 하게 되었을까?"

"음, 왜냐하면… 그 당시 당나라 병사들은 오랜 전쟁으로 지쳐 있었을 거예요. 그래서 무거운 돌은 버려두고, 비교적 가벼운 흙만 퍼다 산을 쌓았을 테지요. 게다가 옆에서 지켜보고 있는 황제한테 성과를 보여 주기 위해 흙을 제대로 다지지도 못했겠지요. 그러니 흙산은 거대한 모래언덕과 크게 다르지 않았을 거예요. 그런 흙더미는 한쪽이 살짝 허물

어지기만 하면 와르르 무너질 수밖에 없잖아요. 그
래서 가랑비라고 생각한 거예요."

재윤이의 설명에 머쓱해진 은서 언니가 되물었
어요.

"폭우가 내렸을 수도 있잖아?"

"비가 많이 내리면 오히려 당나라 병사들이 긴장해서 만일의 사태에
대비했을 거야. 사람 숫자가 많으니 금세 보수할 수 있었을 테고…….
그런데 가랑비가 내리니 설마 하는 생각에 안심하고 있었는데, 비에 젖
은 표면의 흙이 뭉쳐 흘러내리면서 결국은 엄청난 산사태가 된거지."

재윤이가 말을 마치자 은서 언니가 입을 열었어요.

"미안해. 나는 네가 말장난하는지 알았잖니! 이 누나가 잘못했다."

"괜찮아, 누나."

둘의 훈훈한 화해와 함께 외삼촌이 마무리를 해 주었어요.

"우리 재윤이가 아주 그럴듯한 생각을 했어. 비가 얼마나 내렸는지
알 수는 없지만, 당나라 병사들은 분명 흙산을 엉성
하게 쌓았을 테고, 그것이 산사태의 가장 큰 원인이
라고 할 수 있으니까 말이다."

"보통이죠, 뭐!"

씽긋 웃는 재윤이의 어깨가 으쓱하고 올라갔어
요. 서연이는 그런 동생을 흐뭇한 마음으로 지켜보
았어요. 모처럼 재윤이한테 믿음직스러운 구석이

있다는 생각이 들기도 했고요.

　외삼촌의 이야기가 이어졌어요.

　"그런데 흙산이 허물어지면서 휩쓸려 내려온 토사물이 안시성 앞쪽
을 덮치는 바람에 성벽 한쪽에 구멍이 나버렸어."

　화들짝 놀란 재윤이가 물었지요.

　"그럼 안시성까지도 당나라한테 빼앗겨 버린 거예요?"

　이번에는 은서 언니가 나섰어요.

　"천만에! 오히려 고구려 군사들이 뚫린 성벽을 통해 밖으로 나가 산
사태 때문에 우왕좌왕하는 당나라 병사들을 공격해 흙산까지 통째로

빼앗아 버렸는걸!"

재윤이가 환하게 밝아진 얼굴로 외쳤어요.

"우와! 고구려 사람들, 정말 대단하다!"

"그뿐만이 아니야. 그날 이후 며칠 동안 벌어진 흙산 쟁탈전에서 당나라군은 3만여 명이 전사했고, 고구려는 1만여 명의 사상자가 발생했단다. 어쨌든 당나라는 고구려와의 전쟁에서 최소 20만 명 이상의 병사들이 목숨을 잃었지."

"무려 20만 명이 죽었다고?"

"그럼! 더군다나 당 태종은 그 전쟁에서 안시성 성주 양만춘 장군이 쏜 화살에 맞아 한쪽 눈을 잃었다는 얘기도 전해지고 있어. 어쨌든 당 태종은 추위와 군량 부족, 그리고 병사들의 사기 저하 등 여러 가지 악재가 한꺼번에 겹치자 철수를 명령할 수밖에 없었지."

"그렇다면 결국 고구려가 당나라 대군을 상대로 승리를 거둔 셈이네!"

"당연하지!"

"와우! 고구려 최고!"

재윤이는 은서 언니의 얘기에 흥분을 감추지 못했어요. 하지만 서연이는 재윤이처럼 마냥 기뻐할 수만은 없었어요. 낮 시간에 예습했던 부분이 떠올랐기 때문이지요.

고구려와 당나라의 전쟁은 분명 고구려의 승리였어요. 하지만 고구려가 그 이후 얼마 지나지 않아 나·당 연합군에 의해 멸망하는 바람에 그 전쟁과 관련된 기록이 거의 남아 있지 않지요.

결국 고구려와 당의 싸움에 대한 정황은 《구당서》나 《신당서》 등 중국 측의 기록에 의존해 살펴볼 수밖에 없어요. 그런데 그 기록에는 당나라군이 승리했던 전투만 기록해 놓았고, 퇴각을 하는 과정에서 고구려군의 공격을 받아 입은 엄청난 피해 역시 추위 때문이라고 왜곡하는 등 변명을 늘어놓고 있답니다.

하지만 당 태종은 퇴각하는 길에 '만약 위징(당나라 건국 공신이자 학자로 간의대부와 재상을 지낸 인물)이 살아 있었더라면 짐으로 하여금 이번 원정을 하지 못하게 했을 것이다.'라고 말하며 고구려 원정이 실패한 전쟁임을 스스로 인정했지요.

그 뒤로도 고구려는 몇 차례 더 당나라의 침략을 받았어요. 그럼에도 불구하고 고구려는 꿋꿋하게 버텨 냈어요. 병사들은 물론, 일반 백성들까지 모두 나서서 당나라군을 막아 냈던 거예요.

이처럼 수나라와 당나라가 거듭해서 고구려를 공격했던 것은 동북아시아의 주도권을 완벽하게 차지하려는 의도 때문이었어요. 하지만 고구려는 결코 그들의 발아래 머리를 조아릴 수가 없었지요.

고구려 사람들의 가슴속에는 불굴의 기상이 꿈틀거리고 있었어요. 무릎 꿇고 비참하게 살기보다는 차라리 의연하게 서서 죽음을 맞이하고 말겠다는 정신을 갖고 있었던 것이지요. 지금 우리 모두의 피 속에는 고구려인의 그 기상이 뜨겁게 흐르고 있답니다.

형과 동생의 목숨을 빼앗고 황제가 된 이세민과 초기 당나라

당 태종 이세민(599~649)은 훗날 당나라 초대 황제가 된 이연의 둘째 아들로 태어났습니다. 어려서부터 총명해 문무에 능했던 이세민은 수 양제의 폭정이 계속되자 머지않아 멸망할 것을 예상하고, 조정에 불 만을 품고 있던 지방의 여러 유력 인사들과 친분을 쌓아 나갑니다.

그리고 수나라가 고구려와의 전쟁에서 패배한 이후, 전국 각지에서 반란이 일어나자 아버지 이연을 설득해 군사를 일으켰습니다. 그리

이세민

당

고 산시陝西·산시山西·허난河南·허베이河北 지역의 반란군들을 평정한 뒤 수나라를 멸망시키고 당나라를 건국하기에 이르지요.

그런데 당나라 건국에 결정적인 역할을 했던 자신을 제치고 형 건성이 황태자로 책봉되었습니다. 이후 형 건성과 동생 원길이 권력이 커지는 이세민을 제거하려하자 화가 난 이세민은 형제들을 죽이고 아버지 고조를 협박해 황제에 올랐습니다.

이처럼 바람직하지 않은 방법으로 보위에 오른 당 태종 이세민은 황제가 된 이후 관제를 정비하고, 인재를 널리 구해 중용하는 등 새로운 모습을 보이기 시작했어요. 또한 부역과 형벌을 덜고, 문학과 유학을 장려했으며, 홍문관을 두고 국자감을 확장하기도 했답니다.

나아가 수 양제의 실패를 거울삼아 백성을 불쌍히 여기는 지극히 공정한 정치를 하기에 힘쓴 결과 그의 치세는 '정관貞觀의 치治'라는 칭송을 받으며 후세 제왕들의 모범이 되기도 했어요.

하지만 고구려 원정 실패 이후 전국 각지에서 폭동이 일어나기도 했고, 후계자를 제대로 양성하지 못했던 탓에 그가 죽은 이후 권력이 요동치면서 끝내는 측천무후가 등장하는 빌미를 제공했습니다.

1

고구려와
수·당의 전쟁,
그리고 **신라**의 **삼국 통일**

2
신라 · 당 연합과
백제 · 고구려의 멸망

중 · 고등학교 교과서 관련 단원

• 중등 역사 교과서 :
〈단원 3-1 고구려의 수 · 당 격퇴와 신라의 삼국 통일〉

• 고등 한국사 교과서 :
〈단원 1-4 신라, 삼국을 통일하다〉

으악!

백제의 마지막 임금 의자왕과 삼천궁녀

신라의 삼국 통일에 대한 자료를 조사하면서 서연이는 계속 고개를 갸웃거렸어요. 삼국 중에서 국력이 가장 약한 신라가 한반도를 통일한 과정이 도무지 이해되지 않았던 거예요.

그래서 퇴근해 돌아와 저녁 식사를 마치고 2층으로 올라온 외삼촌이 자리에 앉자마자 질문부터 던졌지요.

"외삼촌, 저는 삼국 시대 말기에 당나라가 왜 약소국 신라와 연합을 하게 되었는지부터가 궁금해요. 고구려는 동북아시아 주도권을 놓고 다투는 처지라 그렇다 하더라도, 신라보다 훨씬 더 강하고 지리적으로도 가까운 백제도 있었는데 말이에요."

외삼촌이 빙긋이 웃으며 입을 열었어요.

"우리 서연이가 예습을 많이 한 모양이네? 아주 좋은 질문을 했어. 우선 그 부분을 이해하려면 당시 동북아시아 각국 간의 관계를 자세하

게 살펴볼 필요가 있어.”

서연이는 고개를 끄덕였어요. 훗날 태종 무열왕이 된 김춘추가 고구려와 왜나라, 그리고 당나라를 번갈아 방문하는 등 외교전을 펼친 끝에 나·당 연합을 이끌어 냈으니까요.

외삼촌의 설명이 이어졌어요.

“우선 당나라는 어떻게든 고구려를 꺾고 싶었어. 수나라 때부터 수차례에 걸쳐 공격을 했지만 매번 실패한데다, 고구려가 존재하는 한 동북아시아를 지배할 수가 없었기 때문이야. 그리고 신라의 목표는 오직 백제였어. 한강 유역에 대한 욕심 때문에 신라가 먼저 나·제 동맹을 깨버린 이후부터 백제와는 앙숙이 되었는데, 7세기 중반 백제에게 대야성을 비롯한 40여 개의 성을 빼앗기면서 건국 이후 최대의 위기에 처해 있었거든."

은서 언니가 물었어요.

"그래서 진덕여왕은 김춘추를 여러 나라에 보내 도움을 청했군요?"

"그렇지. 김춘추는 고구려 도성으로 가서 연개소문을 만나 백제를 함께 공격하자고 제안했어. 그러자 연개소문이 한강 유역을 먼저 고구려에게 넘겨주면 그렇게 하겠다고 대답했단다."

재윤이가 불쑥 물었어요.

"김춘추가 그러자고 했대요?"

외삼촌이 고개를 저었어요.

"연개소문의 그 말은 사실 김춘추의 제안에 대한 거부 의사 표현이었지. 그 당시 고구려는 당나라와 긴장관계에 있었기 때문에 남쪽에서 또 다른 전쟁을 벌일 여유가 없었던 거야. 그래서 김춘추가 도저히 승낙할 수 없는 무리한 요구를 했던 것이고……."

서연이는 아직도 궁금증이 풀리지 않았어요.

"고구려와의 협상에서 실패한 김춘추는 다시 왜나라로 건너가 도움을 요청했어요. 하지만 왜나라는 오랜 옛날부터 끊임없이 도움을 받았던 백제를 차마 공격할 수는 없다며 거절했지요. 그런데 당나라는 왜 약소국 신라의 요구를 들어주었을까요?"

외삼촌이 서연이의 어깨를 토닥여주며 입을 열었어요.

"신라의 목표가 백제였던 것처럼, 당나라의 목표는 고구려였어. 그러니까 백제와 고구려를 차례로 멸망시킨 뒤 신라는 백제 땅을 차지하고, 당나라는 고구려 땅을 차지하기로 합의한 거지. 서로의 이해관계가 정확하게 맞아떨어진 거야."

외삼촌의 설명이 끝나자마자 얼굴이 벌겋게 달아오른 재윤이가 소리치듯 외쳤어요.

"아무리 위급한 상황이라도 그렇지 어떻게 다른 나라 군대를 끌어들여 같은 민족을 공격하게 하고, 그 드넓은 고구려 땅을 고스란히 내주기로 약속을 했을까요? 그건 나라를 통째로 팔아먹은 매국노나 하는 짓이잖아요?"

"그렇게 흥분할 일이 아니란다, 재윤아."

외삼촌이 재윤이를 진정시키며 말을 이었어요.

"그 당시는 오늘날처럼 한민족이라는 개념이 확실하게 자리 잡지 않았던 때야. 우리가 맨 처음에 나누었던 정체성에 대한 이야기 기억하고 있지? 다시 말하자면 김춘추의 정체성은 한민족이나 한국인이 아니라 신라인이었던 거야. 그래서 신라인의 자격으로 외교전술을 펼쳤던 거지."

"아무리 그래도 그렇지……."

재윤이는 여전히 격한 감정이 가라앉지 않은 듯 씩씩거렸어요. 외삼촌은 그런 재윤이의 머리를 천천히 쓰다듬어 주었고요.

서연이는 외삼촌의 설명 덕분에 신라와 당나라의 연합에 대한 의구심이 풀렸어요. 그리고 나라와 나라 사이의 일이란 강대국이라고 해서 반드시 유리한 위치에 서는 것만은 아니라는 사실도 알게 되었지요.

한편, 백제는 신라의 배신으로 한강 유역을 빼앗긴 이후 국력이 급속도로 약해졌어요. 하지만 '서동요'로 유명한 무왕의 뒤를 이어 의자왕이 보위에 오르면서부터 상황이 달라졌어요.

의자왕은 '해동의 증자'라고 불렸던 인물로, 부모님에 대한 효심이

극진해 공자의 제자 가운데 효자로 으뜸이었던 증자와 비견될 만큼 왕족과 귀족들에게 좋은 평판을 얻고 있었답니다. 일반 백성들 역시 그런 의자왕을 믿고 따랐지요.

백성들의 절대적인 지지를 등에 업은 의자왕은 국력을 키우는 데 온 힘을 쏟았어요. 그리고 나·제 동맹을 깨고 뒤통수를 친 신라를 공격해 대야성을 비롯한 많은 성을 빼앗았지요. 하지만 그것이 오히려 독이 되어 돌아왔어요. 위기 앞에 선 신라의 적극적인 외교가 결실을 맺게 된 거예요.

거기까지 생각을 정리한 서연이가 질문했어요.

"의자왕은 상당히 훌륭한 임금이었던 것 같은데, 왜 나라와 백성은 돌보지 않고 삼천 명의 궁녀들과 술 마시고 춤만 췄던 임금이 되었을까요?"

외삼촌이 곧바로 대답해 주었어요.

"서연이가 매우 중요한 지적을 했어. 사실 의자왕은 나라와 백성을 사랑하는 마음이 매우 컸던 임금이었단다. 당사자가 죽은 다음 후세 학자들에 의해 붙여진 이름마저 의롭고 자애로운 왕이라는 뜻을 담은 의자왕이라 할 만큼 좋은 임금이었어."

또 이야기 속으로 깊이 빠져든 재윤이가 침을 꼴깍 삼키며 물었어요.

"그런데 왜 변한 거예요?"

"역사는 현재나 미래가 아닌 과거의 기록이야. 그래서 반드시 승리한 자가 역사 기록의 주도권을 쥐고 있을 수밖에 없지. 의자왕과 관련된 이야기 역시 마찬가지야. 백제가 멸망했으니 신라의 사관들이 쓸 수밖에 없었지. 그런데 의자왕은 대야성을 비롯한 신라의 서쪽 국경을 쑥대밭으로 만들어 버렸던 인물이야. 그러니 좋지 않은 감정이 클 수밖에 없었을 테고, 어떻게든 흠집을 내고 싶었겠지."

"그래서 낙화암에서 몸을 던진 삼천궁녀를 동원한 것이군요?"

"그렇지. 그 이야기를 뒤집어 생각해 보면 궁궐 안에서 허드렛일을 하는 궁녀들마저도 의자왕을 절대적으로 믿고 따랐다고 볼 수 있어. 신라나 당나라로 끌려가 노예가 되느니 차라리 목숨을 버릴 만큼 백제는 좋은 나라였고, 의자왕은 훌륭한 임금이었다고 해석할 수도 있지 않겠니?"

서연이와 재윤이가 동시에 고개를 끄덕였어요.

"아, 그렇구나!"

역사는 승자의 기록이야!

은서 언니가 입을 열었어요.

"고구려의 연개소문 역시 마찬가지겠네요?"

"연개소문의 경우 김춘추가 사신으로 왔을 때 감옥에 가두어 버린 적이 있으니까 무척 미웠을 거야. 그래서 고구려의 국력을 당나라와 견줄 만큼 탄탄하게 한 공로 대신, 독재와 폭정으로 나라를 공포에 떨게 한 인물로 기록했을 가능성이 크다고 할 수 있겠지."

서연이가 다시 물었어요.

"그렇다면 잘 나가던 백제가 멸망한 결정적인 이유는 뭘까요?"

마치 예상이라도 한 듯, 외삼촌이 곧바로 설명해 주었어요.

"우선 신라를 지나치게 몰아붙여 당나라를 끌어들일 만큼 위기의식을 갖게 한 점이야. 백제가 신라에 대한 미운 감정에 사로잡혀 국제 정세를 제대로 읽지 못한 실수를 한 거야. 그리고 도성으로 삼은 사비성이 지리적으로 방어에 취약한데다, 강력한 지방군에 비해 도성을 방어

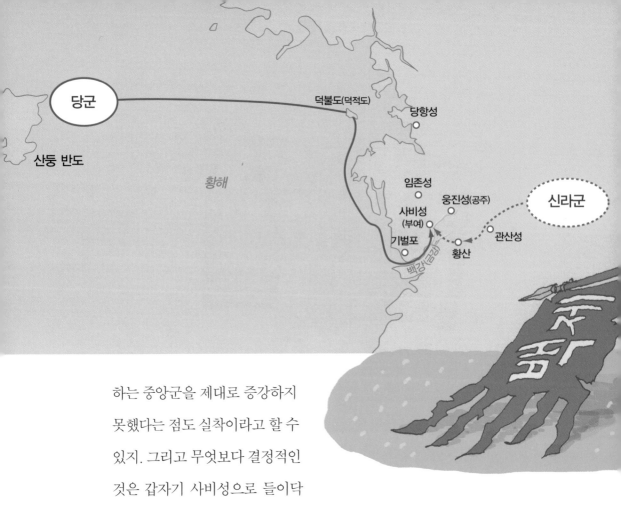

당군

덕불도(덕적도)

당항성

산둥 반도

황해

임존성

웅진성(공주)

사비성
(부여)

기벌포

백강(금강)

황산

관산성

신라군

하는 중앙군을 제대로 증강하지
못했다는 점도 실착이라고 할 수
있지. 그리고 무엇보다 결정적인
것은 갑자기 사비성으로 들이닥
친 당나라의 공격에 당황해 우왕좌왕하는 바람에 제대로 된 방어조차
하지 못했다는 사실이야.”

백제의 계백 장군은 결사대 5천 명을 이끌고 황산벌에서 신라의 김
유신 장군과 최후의 결전을 벌입니다. 계백 장군은 처자식의 목숨까지
거두는 등 비장한 각오로 출전을 하지만, 군사력이 10배 이상 차이가
나는 신라군을 물리칠 수는 없었지요.

결국 금강을 거슬러 올라온 당나라 소정방의 공격을 이겨 내지 못하
고 도성인 사비성이 함락되면서 백제의 700여 년 역사는 마침표를 찍
었어요. 웅진성으로 피신했던 의자왕의 항복 선언(660년)과 함께 멸망

황 산 벌

하고 말았던 거예요.

백제 멸망과 관련된 시간 여행을 하면서 서연이는 내내 씁쓸한 기분에 휩싸여 있었어요. 고구려나 신라와 일전을 벌여 백제가 멸망했다면 전혀 다른 느낌이었을 거예요. 가야가 신라에 병합될 때 특별한 서운함이 없었던 것처럼 말이에요.

외삼촌은 민족의식이 자리 잡기 전이기 때문에 그랬을 것이라고 설명해 주었어요. 하지만 그때 당나라 군사들이 한반도에 들어오는 바람에 오늘날까지 나라의 안보를 외세에 의존해야 하는 처지에 머물고 있지 않나 하는 생각이 지워지지 않았습니다.

나라의 운명을 걸고 싸웠던 백제와 신라의 황산벌 전투

660년 7월 초, 중국 산둥 반도 내주를 출발한 당나라 장군 소정방의 병력 13만 명이 황해를 지나 백제의 금강 하구 부근에 이르렀습니다. 신라의 김유신 장군이 이끄는 병사 5만여 명 역시 백제의 황산벌(오늘날의 충남 논산시 연산 부근)을 향해 진군했지요.

신라와 당나라가 연합해 동시에 공격을 해 오자 백제 의자왕은 대신들과 함께 방어를 위한 회의를 시작합니다. 이 회의에서 좌평 벼슬에 있던 의직은 당나라 군대를 먼저 물리쳐야 한다고 주장하고, 달솔 벼슬의 상영은 신라와 일전을 벌여 기세를 꺾은 뒤 당나라와 상대하는 것이 유리하다고 목소리를 높입니다.

이처럼 백제 조정이 우왕좌왕하고 있을 무렵, 신라와 당나라는 백제의 도성 사비에서 만나 총공격을 하기로 했던 약속을 지키기 위해 발걸음을 서두르지요. 다급해진 의자왕은 계백 장군에게 결사대 5천 명을 데리고 나아가 신라의 진군을 막으라는 명령을 내립니다.

계백 장군은 '적국의 노비가 되어 치욕을 당하느니, 차라리 죽는 게

낫다!' 면서 처자식을 죽이고 전쟁터로 나갑니다. 그리고 죽기를 각오하고 싸운 끝에 10배가 넘는 군사력의 신라를 상대로 4전 전승을 거두지요. 그래서 신라군의 사기는 크게 떨어지고 맙니다.

그러자 화랑이 나섭니다. 신라 장군 흠순의 아들 반굴이 적진으로 달려들어 목숨을 잃고, 장군 품일의 어린 아들 관창 역시 백제 군영으로 뛰어들어 장렬하게 전사하면서 신라 병사들의 가슴속에 백제를 향한 증오와 투쟁심을 불타오르게 합니다.

사기가 오른 신라의 총공격으로 백제의 계백 장군이 전사하고, 5천 명의 결사대 역시 대장을 잃은 뒤 속절없이 무너질 수밖에 없었지요. 백제와 신라의 마지막 전쟁이었던 황산벌 전투는 그렇게 막을 내렸답니다.

연개소문 사망 이후
내부 분열로 인한 고구려의 멸망

신라는 오랜 세월 동안 한반도 중남부를 차지하기 위해 다툼을 벌였던 백제를 무너뜨리는 데 성공했어요. 백제 의자왕의 거침없는 공격으로 인한 위기에서 벗어났을 뿐만 아니라, 백제의 멸망(660년)과 함께 보다 더 큰 꿈을 펼칠 수 있는 기회를 갖게 된 거예요.

백제를 정복한 신라와 당나라 연합군은 잠시의 망설임도 없이 고구려를 공격했어요. 병사들의 사기가 한껏 달아오른 때를 이용해 고구려까지 한꺼번에 해치우고 싶었던 것이지요.

하지만 고구려에는 당 태종을 두려움에 떨게 했던 절대 권력자 연개소문이 버티고 있었어요. 그가 존재하고 있는 한 고구려 공격에 성공한다는 건 사실상 불가능한 일이었지요. 그래서 결국 나·당 연합군은 철수할 수밖에 없었어요. 더 이상 공격할 엄두도 내지 못했고요.

서연이는 연개소문에 대한 자료를 정리하면서 권력자가 가진 능력

이 나라의 흥망에 어떤 영향을 미치는지 실감할 수 있었어요. 665년 연개소문이 사망한 이후 동북아시아의 정세가 그 이전과는 완전히 다른 모습을 보이기 시작하니까요.

외삼촌이 연개소문에 대한 이야기를 덧붙여 주었어요.

"연개소문은 위기에 처한 고구려를 다시 강대국으로 이끈 대단한 인물이었어. 하지만 왕과 대신들을 죽이고 권력을 장악했다는 흠을 갖고 있었지. 그리고 말년에 그가 저지른 결정적인 실수가 고구려를 멸망의 길로 이끌고 말았단다."

은서 언니가 물었어요.

"그 실수가 혹시 후계자 문제인가요?"

외삼촌이 고개를 끄덕이며 대답했어요.

"맞아. 연개소문이 보다 더 큰 인물이었다면 죽기 전에 자신이 가진 권력을 자신의 세 아들에게 물려주지 않았을 거야."

은서 언니가 다시 물었어요.

"고구려는 건국 초기부터 귀족 회의에서 토론을 한 다음 중요한 나랏일을 결정하지 않았나요? 따라서 한 사람 때문에 나라의 운명이 크게 달라지지는 않았을 거 같은데요?"

"그랬었지. 하지만 무력으로 권력을 장악한 연개소문은 귀족 회의를 인정하지 않았어. 이를테면 나라의 모든 중대사를 혼자 결정하는 독재 정치를 한 거야. 그 결과 모든 권력은 연개소문과 그 가족들에게 집중될 수밖에 없었지. 결국 모든 벼슬아치들은 연개소문의 가족들에게 밉보이지 않으려고 눈치를 살펴야 했을 테고, 그런 상황에서는 절대로 후계자가 될 만한 인재가 드러날 수 없어. 혹시 마땅한 인재가 나타난다고 하더라도 아버지의 권력을 세습받기 위해 혈안이 되어 있는 연개소문의 아들들이 가만히 보고만 있지는 않았겠지."

"그래서 결국은 능력이 미치지 못하는 아들들에게 권력을 넘겨줄 수밖에 없었다는 얘기네요."

"그렇지. 연개소문은 임종 직전에 세 아들을 불러 놓고 예언과도 같은 유언을 남겼단다. '너희들은 물과 물고기와 같은 관계다. 서로 화합하지 않으면 너희 세 형제는 모두 죽음을 맞이할 것이다. 당나라는 여전히 우리 고구려를 넘보고 있다. 내가 죽은 뒤 너희들이 힘을 합해 나라를 이끌어 간다면 당나라는 감히 공격을 하지 못할 것이다. 하지만 너희들이 서로 더 많은 권력을 갖기 위해 싸움을 하게 된다면 너희들 자신은 물론, 이 나라 고구려의 운명 또한 최후를 맞이하게 될 것이다.
이 점을 반드시 명심해야 할 것이야!' 그 말을 끝으로 연개소문은 세상
을 떠나고 말았어."

　　외삼촌의 얘기가 끝나자 재윤이가 슬픈 표정으로 중얼거렸어요.

"아휴, 이제 고구려도 끝이네!"

서연이가 물었어요.

"왜 그렇게 생각해? 연개소문의 아들들이 잘할 수도 있잖아?"

하지만 재윤이는 마치 모든 것을 알고 있다는 듯 고개를 저었어요.

"내 생각에 연개소문의 아들들은 뭉치지 않았을 거야."

"왜?"

"요즘도 재벌 2세들이 말썽을 피우곤 하잖아! 태어나면서부터 온갖 특혜를 다 받은 사람들은 그걸 당연하게 여기는 거 같아. 연개소문의 세 아들 역시 서로 더 많은 권력을 차지하고 싶었을 텐데 힘을 합칠 수 있었겠어?"

외삼촌이 재윤이의 어깨를 토닥이며 칭찬을 해 주었어요.

"우리 재윤이 생각이 하루가 다르게 발전하는걸? 제대로 된 짐작을 했어. 재윤이 말처럼 연개소문이 죽은 뒤, 고구려는 후계 문제 때문에 지배층 사이에서 분열이 일어나고 말았단다."

은서 언니가 물었어요.

> 권력 앞에서는 부모·형제가 필요 없네.

"연개소문의 세 아들 때문에 고구려 전체가 흔들린 거예요?"

외삼촌의 설명이 이어졌어요.

"연개소문이 죽은 뒤, 맏아들 연남생이 아버지의 대를 이어 막리지가 되었어. 고구려의 최고 권력자가 된 연남생은 각 지방의 성을 둘

72

러보기로 했지. 권력을 보다 확실하게 장악하려면 지방 성주들을 자기 편으로 만들어 둘 필요가 있었던 거야. 연남생은 도성을 떠나면서 동생인 연남건과 연남산에게 조정 일을 맡겨 놓았어. 그런데 주변 사람들이 자꾸만 두 동생을 믿어서는 안 된다고 하는 거야. 똑같은 얘기를 자주 듣다 보니 은근히 걱정이 되기도 했지. 그래서 사람을 보내 도성의 동정을 살피게 했어. 그 사이, 연남건과 연남산 역시 주변 사람들로부터 연남생이 지방 순행을 마치고 돌아오면 권력 독점을 위해 어떤 짓을 벌일지 모른다는 얘기를 듣곤 했어. 그러던 차에 연남생이 보낸 첩자가 붙잡히면서 형제간의 신뢰는 완전히 무너지고 말았단다."

"간신배들의 아첨도 그렇지만, 그 말에 넘어간 연개소문의 세 아들이 더 문제네요. 아버지 유언까지 새겨들은 피를 나눈 형제인데, 끝까지 믿어야 하는 거 아닌가요?"

"권력은 아버지와 아들 사이에도 나누어 가질 수 없다는 말이 있어. 당 태종의 경우도 형제를 죽이고 아버지를 협박해 억지로 퇴위시킨 뒤 황제가 된 인물이잖니?"

왕이 못 되면 죽는데 어떻게 하겠어?

그제야 은서 언니가 고개를 끄덕였어요.

"화가 난 연남건과 연남산은 왕명을 빌어 형 연남생을 도성으로 불러들이려 했어. 하지만 연남생은 두려움 때문에 평양성에 들어갈 수가 없었지. 그러자 연남건이 스스로 막리지에 오른 뒤 형 연남생을 잡아들이기 위해 군대를 파견했어. 막다른 길에 몰린 연남생은 결국 국경을 탈출해 당나라에 투항하고 말았지.”

이처럼 고구려가 내분에 휩싸이자 신라와 당나라 연합군은 각각 고구려의 남북 국경을 공격하기 시작했어요. 당나라와의 거듭된 전쟁으로 국력이 약해진데다, 절대 권력자 연개소문의 죽음에 이은 내부 분열로 힘이 분산된 고구려는 나·당 연합군의 협공을 이겨낼 수가 없었지요.

그리하여 고구려의 도성인 평양성은 1년 동안의 저항 끝에 668년 당나라의 이세적·설인귀 부대와 신라의 김인문이 이끈 연합군에 의해 함락되고 말았어요. 기원전 37년 주몽이 건국한 고구려의 705년 역사는 그렇게 뒤안길로 사라지게 됩니다.

평양성이 함락되고 고구려는 사라졌어!

고구려가 멸망한 뒤 보장왕을 비롯한 수많은 고구려 귀족들이 당나라로 끌려갔어요. 고구려 유민들의 저항을 막고자 하는 당나라의 계산 때문이었지요. 하지만 오골성에서는 고연무가, 한성에서는 검모잠이 고구려 부흥 운동을 일으켰어요. 전쟁이 끝난 후 당나라의 내정 간섭이 자꾸만 거세어지자 신라 역시 고구려 부흥 운동을 후

원하는 이상한 일까지 벌어졌지요.

하지만 그들의 고구려 부흥 운동은 결실을 얻지 못했어요. 그럼에도 불구하고 고구려 유민들은 포기하지 않았지요. 그리고 30여 년이 지난 후 발해의 건국과 함께 고구려의 전통은 계승될 수 있었답니다.

서연이는 고구려의 마지막 장면을 상상하면서 백제 멸망 때와 같은 씁쓸한 기분을 느꼈어요. 하지만 그때에 비해 답답함은 한결 가벼웠지요. 왜 그런지 그 까닭을 곰곰이 되짚어 보니 고구려의 옛 땅에 발해가 들어섰기 때문이었어요.

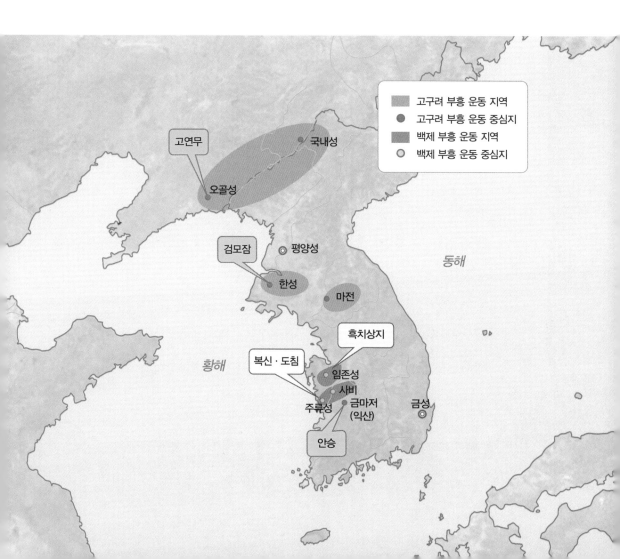

고구려 부흥 운동에 실패한 검모잠과 안승

고구려를 멸망시킨 당나라는 고구려의 옛 땅에 9도독부 42주 100현을 설치한 뒤, 백성들에게 영향력을 행사할 수 있는 명망 높은 인사들을 모조리 당나라로 이주시켰습니다. 고구려 유민의 세력을 약화시켜 당나라에 반기를 드는 것을 예방하기 위해서였지요.

하지만 고구려 유민들의 저항과 고구려 부흥 운동은 곳곳에서 일어났어요. 그중에서 가장 큰 규모에 제대로 된 체제를 갖춘 부흥 운동은 검모잠과 안승(보장왕의 아들)이 주도한 세력이었습니다.

검모잠은 670년 4월 한성을 근거지로 삼아 군사를 일으킨 뒤, 고구려 왕족 출신인 안승을 고구려 왕으로 추대했어요. 그런데 그 당시 신라는 나·당 전쟁을 하고 있었기 때문에, 고구려 부흥 운동을 하고 있는 검모잠과 안승 세력을 지원해 줌으로써 당군을 몰아내는 데 이용하였습니다.

하지만 고구려 부흥 운동 세력이 커지면서 검모잠 지지자와 안승 지지자로 갈리게 되었고, 결국은 두 사람 사이가 틀어져 버렸어요. 그리고 안승이 보낸 자객에 의해 검모잠이 살해당하면서 두 사람의 고구려 부흥 운동은 끝나고 말았습니다.

그 이후 안승은 신라에 투항해 보덕국왕이라는 직책을 하사받고, 금마저(오늘날의 익산 지방)를 다스리는 관리가 됩니다. 나아가 고구려 부흥 운동에 참여했던 병력들을 그대로 이끌고 나·당 전쟁에 참전해 당나라 세력을 몰아내는 데 상당한 공을 세우기도 하지요.

검모잠과 안승 이외에도 계루부 출신 귀족이었던 고연무 장군과 고구려의 마지막 임금 보장왕 역시 고구려 부흥 운동을 펼쳤지만, 당나라의 감시망에 걸려 실패하고 말았습니다.

당 세력을 몰아내고 통일을 이룬 신라

신라와 당나라는 연합군을 만들 때 계획했던 대로 백제(660년)와 고구려(668년)를 멸망시켰어요. 문서를 만들고 옥새를 찍어 계약서를 나누어 가진 것은 아니었지만, 신라는 백제 땅을 원하고 있었고, 당나라는 고구려를 염두에 두고 있었지요.

그런데 백제를 멸망시킨 뒤 당나라는 곧바로 옛 백제 땅에 웅진 도독부를 중심으로 다섯 개의 도독부를 설치했어요. 게다가 백제 도성이었던 사비성에 자기네 부대를 남겨두고는 직접 통치를 하려고 했지요.

더욱 황당한 것은 당나라가 신라에 계림 도독부를 설치하더니 신라 임금인 문무왕을 계림 도독이라고 불렀어요. 그러니까 신라를 독립된 나라가 아니라, 당나라의 지배를 받는 제후국 취급을 했던 것이지요.

그리고 고구려를 멸망시킨 후 당나라는 고구려의 도읍지였던 평양에 안동 도호부를 두었어요. 그러니까 평양의 안동 도호부를 통해 각

지역 도독부를 지휘·감독하면서 한반도 전체를 지배하려고 했던 거예요.

백제와 고구려가 역사의 뒤안길로 물러난 후, 당나라의 움직임을 머릿속으로 정리하던 서연이는 궁금했어요. 함께 연합군을 구성했던 신라는 왜 당나라의 그런 횡포를 지켜보고만 있었는지 이해할 수 없었던 것이지요.

"신라가 당나라를 지나치게 무서워했던 거 아니에요? 다른 건 그렇다 하더라도 신라에 설치한 계림 도독부와 자신들의 임금에게 계림 도독이라는 호칭을 사용한 건 절대 용납하지 않는 게 당연한 일일 텐데요!"

서연이의 투정 섞인 질문에 외삼촌이 대답했어요.

"신라도 일찌감치 당나라의 속셈을 짐작하고 있었어. 하지만 당나라와 함께 치러야 할 전쟁이 아직 진행 중이었기 때문에 그런 문제에 대한 불만을 얘기하지 않았던 거지. 하지만 고구려가 멸망한 후에는 당나라를 몰아내기 위한 나·당 전쟁을 시작했잖니?"

하지만 서연이는 고개를 가로저었어요.

"만약 백제가 멸망한 후 당나라가 웅진 도독부를 설치하려 했을 때 신라가 강력하게 반발을 했더라면 상황이 전혀 달라지지 않았을까요? 신라는 이미 오랜 세월에 걸쳐 경쟁관계를 유지했던 백제가 사라졌으므로 더 이상 두려울 것이 없잖아요? 그때까지만 해도 고구려가 버티고 있었으니까 당나라도 신라한테 함부로 할 수는 없었을 테고요. 제 생각에는 신라가 오히려 더 강력하게 나갔더라면 나중에 고구려 영토까지도 상당 부분 차지할 수 있었을 거라고 여겨지는데요."

외삼촌이 서연이의 의견에 동의했어요.

"서연이가 대단히 중요한 지적을 했어. 사실은 많은 사람들이 그 부분을 무척 아쉽게 생각하고 있단다. 당나라 병사가 아무리 많다고 하더라도 그들은 바다를 건너왔다는 약점이 있었어. 그에 반해 신라는 한반도가 곧 자신들의 본거지였기 때문에 모든 면에서 훨씬 더 유리한 입장이었거든."

재윤이가 혼잣말처럼 투덜거렸어요.

"한강 유역에서는 백제의 뒤통수를 치고 낙동강 유역에서는 가야의 뒤통수를 쳐놓고서는, 정작 제대로 된 한 방을 날려 혼쭐을 내줘야 할 당나라한테는 꼼짝도 못하다니……. 완전 짜증이야!"

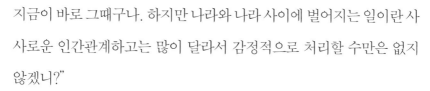

그러자 옆에서 빙그레 웃고 있던 은서 언니가 말했어요.

"우리 재윤이가 언제쯤 신경질을 낼까 싶었는데, 지금이 바로 그때구나. 하지만 나라와 나라 사이에 벌어지는 일이란 사사로운 인간관계하고는 많이 달라서 감정적으로 처리할 수만은 없지 않겠니?"

"하지만 무지 억울하잖아! 그리고 다르면 또 얼마나 다르겠어? 상대가 강할 것이라는 생각에 겁을 먹으면 반드시 지게 되어 있다니까! 어쩔 수 없이 싸움을 하게 되었다면 처음부터 무조건 강하게 나가야 이긴다고!"

결국 외삼촌이 나서서 정리를 해 주었어요.

"재윤이 말도 충분히 일리가 있어. 아마 신라도 그렇게 하고 싶었을 거야. 그런데 백제가 멸망한 이듬해인 661년에 태종 무열왕 김춘추가 세상을 떠나고 말았어. 곧바로 맏아들이었던 문무왕이 보위에 오르기는 했지만, 왕권을 제대로 행사하기까지는 상당한 시간이 필요했겠지. 그러니까 어쩌면 당나라와 담판을 지을 상황이 아니었을 수도 있었을 거라는 얘기야."

외삼촌의 설명에 재윤이가 고개를 끄덕이며 말했어요.

"그럼 제가 봐 주는 거로 하지요, 뭐. 저보다 나이가 1500살이나 더 많은 조상님들한테 뭐라고 하겠어요?"

재윤이의 말장난에 모처럼 큰 소리로 웃을 수 있었어요. 그리고 잠시 후, 은서 언니가 나·당 전쟁은 자신이 이야기를 이끌어 가겠다고 나서는 거예요. 외삼촌은 흔쾌히 그러라고 했고, 재윤이는 또 그런 언니를 향해 존경심 가득한 눈빛을 쏘아 대기 시작하네요.

"나·당 전쟁은 670년 초, 신라군 1만 명과 고구려 부흥군 1만여 명이 압록강 건너에 주둔하고 있던 당나라 군대를 먼저 공격하면서 시작되었어요. 신라는 또한 당나라 군대가 점령하고 있던 옛 백제 땅 역시 공격해 당나라 주둔군과 당나라가 임명한 백제 왕족 출신 웅진 도독인 부여융이 차지하고 있던 성 82개를 빼앗았어요. 나아가 그 이듬해에는 백제의 도읍이었던 사비성을 비롯해 주변의 성들까지 차례로 함락해 백제의 옛 영토를 완전히 회복했지요."

두 손을 모아 턱을 괸 채 은서 언니의 이야기를 경청하고 있던 재윤이가 고개를 갸웃하더니 질문을 던졌어요.

"옛 백제와 고구려 땅에 주둔하고 있던 자기네 병사들이 곳곳에서 피를 흘리고 있는데도 당나라는 가만히 있었던 거야?"

은서 언니가 대답했어요.

"그때는 오늘날처럼 통신이 발달하지 않았기 때문에 바다까지 건너 소식을 전하려면 많은 시간이 걸리지 않았겠어요? 게다가 옛 백제 땅에서 벌어진 사태를 파악했을 때는 이미 모든 상황이 끝나버린 후였을 테고요."

"그래서 당나라는 반격을 할 수 없었다고?"

"만약 그랬다면 나ㆍ당 전쟁이라고 하지 않았겠지요. 당나라 역시 반격을 했어요. 고구려를 정복할 당시에 큰 공을 세운 설인귀에게 수군 지휘권을 주면서 바다 건너 옛 백제 땅을 공격하게 하고, 육로로는 말갈족 병사들까지 포함된 대규모 부대를 보내 압록강을 넘게 했지요. 그래서 672년 7월에는 평양을 수중에 넣었고, 그 이후로도 신라군과 고구려 부흥군을 상대로 대승을 거두었어요. 하지만 설인귀가 이끌던 수군은 신라군에게 크게 패하는 바람에 부대를 재정비할 엄두도 내지 못한 채 되돌아가고 말았지요."

은서 언니의 대답에 재윤이가 진저리를 치면서 외쳤어요.

"흐으. 누나! 지금은 내가 묻고 누나가 대답하는 거야. 그런데 계속 이랬어요 저랬어요 하니까 온몸에 닭살이 돋잖아! 그러지 말고 그냥 편하게 말해."

외삼촌은 그런 재윤이를 보며 빙긋이 웃고 있었고, 서연이는 은서 언니의 다음 말투가 궁금해졌어요.

"옛 백제 땅을 통해 신라의 심장부를 공격하려던 수군이 패배하고 돌아오자 당나라에서는 문무왕의 모든 관작官爵을 삭탈하는 한편, 그의 동생 김인문을 신라 왕에 책봉하면서 신라의 내부 분열을 조장했어요. 하지만 그 역시 실패로 돌아가자 설인귀에게 다시 수군을 맡겨 출

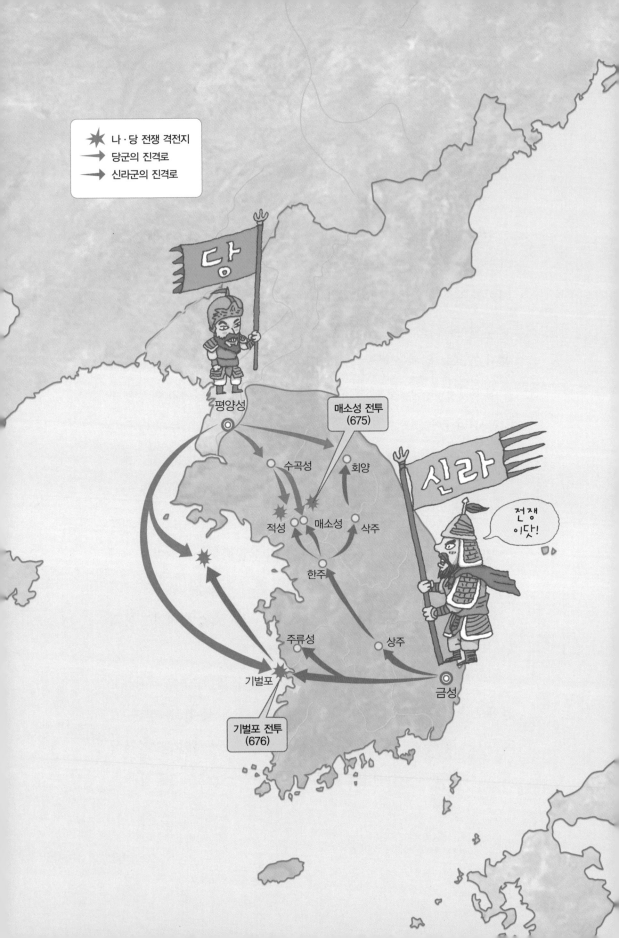

전시키고, 말갈 출신 이근행 장군에게 20만 대군을 주어 오늘날의 경기도 연천군에 있는 매소성에 주둔하며 신라를 공격하게 했답니다."

서연이가 마음속으로 예상했던 대로 은서 언니의 말투는 그대로였어요. 오는 일요일 유치부 꼬마들에게 구연동화를 들려줘야 하는데 어떻게 해야 할지를 모르겠다며 불안해하더니, 지금 재윤이를 상대로 연습을 하고 있는 거예요.

그런데 재윤이의 반응이 의외였어요. 더 이상 투덜거리지 않을 뿐만 아니라, 언제 진저리를 쳤냐는 듯 차분한 모습을 유지하고 있는 거예요. 그 순간 서연이의 뇌리에 재윤이가 조만간 은서 언니한테 제대로 된 복수를 하고 말 것이라는 예감이 스치고 지나갔어요.

"결국 신라와 당나라가 제대로 맞붙은 셈이네."

"그래요. 신라군과 당나라군은 매소성에서 정면으로 맞부딪쳤어요. 병사들의 숫자만 보면 신라군은 당나라군의 상대가 되지 않았지요. 하지만 신라군은 매소성과 그 인근의 지리적 특성을 환하게 꿰뚫고 있었고, 수천 리를 달려온 당나라군은 피곤에 찌들어 있었지요."

"그래서 신라가 승리를 한 거야?"

"아니에요."

은서 언니의 대답에 재윤이가 화들짝 놀랐어요. 이야기의 흐름으로 보았을 때 신라가 이겨야 옳았기 때문이었지요.

"그렇다면?"

"그냥 승리가 아니라 대승을 거두었지요. 3만여 필의 군마와 많은 무기까지 빼앗는 엄청난 전과를 올렸답니다. 그리고 금강 하구에 있는 기벌포 앞바다에서 신라 수군과 설인귀의 수군이 전투를 벌였는데, 그 싸움에서도 신라군이 완벽에 가까운 승리를 했어요."

"에이! 은서 누나, 깜짝 놀랐잖아!"

재윤이와 은서 언니가 토닥거리는 사이에 서연이는 낮 동안 예습해 두었던 그 다음 상황을 조심스럽게 정리해 보았어요.

육군과 수군의 연이은 패배로 당나라는 더 이상 전쟁을 계속할 수 없는 처지가 되었어요. 그 결과 평양에 설치해 두었던 안동 도호부를 요동성으로 옮기고, 사비성에 있던 웅진 도독부는 요동 평곽현의 건안성

으로 옮기면서 대동강 북쪽으로 완전히 철수했지요.

한편, 당나라와의 전쟁에서 승리를 거둔 신라는 서쪽의 대동강에서부터 동쪽의 원산만을 경계로 영토를 확정했어요. 사실상 옛 백제의 영토만을 병합한 셈이었던 거예요.

서연이는 신라의 통일(676년)이 고구려의 영토 대부분을 상실한 것이기 때문에 완전한 통일이라는 생각이 들지 않았어요. 다만 고려와 조선으로 이어지는 한민족 단일국가의 기반을 마련했다는 점은 인정받아 마땅한 일이지만 말이에요.

아버지 태종 무열왕이 씨앗을 뿌리고, 아들 문무왕이 수확하다

신라의 문무왕(재위 661~681)은 태종 무열왕 김춘추와 김유신의 여동생 문명왕후 사이의 맏아들로 태어났어요. 총명함과 지략이 뛰어났던 그는 661년 신라의 30대 임금이 되었는데, 아버지 태종 무열왕의 뜻을 이어받아 백제 부흥 운동을 무력화시키고 당나라와 함께 고구려를 공격해 삼국 통일의 대업을 이루었습니다.

사실 삼국 통일은 태종 무열왕이 씨앗을 뿌리고 싹을 틔워 영글게 했습니다. 아들인 문무왕은 아버지가 평생을 바쳐 키워 놓은 곡식을 수확한 셈이지요. 하지만 문무왕의 역할도 작은 것은 아니었습니다. 당나라를 선제 공격하면서 나·당 전쟁을 일으켜 당나라 세력을 몰아냈으니까요.

문무왕은 백성을 사랑한 왕이기도 했습니다. 왕위에 오른 지 20년이 지난 681년 세상을 떠났는데, 죽기 전에 '불교식으로 화장을 하고 장례는 검소하게 치를 것이며, 불필요한 조세를 폐지하고 불편한 법령과 격식을 바꾸라.'는 유언을 남겼답니다. 자신의 죽음이 백성들의

부담으로 돌아가는 것을 염려했던 것이지요.

한편, 문무왕은 불법의 도움으로 왜구의 침입을 막기 위해 동해가 내려다보이는 곳에 절을 짓기 시작했는데 완성을 보지 못하고 병석에 눕고 말았어요. 그래서 평소에 가까이 지냈던 지의법사를 불러 화장한 유골을 동해에 뿌려 달라고 따로 부탁을 해 두었답니다. 죽은 후에도 나라를 지키겠다는 것이었지요.

지의법사는 왕의 부탁에 따라 화장한 임금의 유골을 오늘날 경주시 양북면 봉길리 앞바다에 있는 바위 부근에 뿌린 뒤 장례를 치렀어요. 그 바위가 바로 사적 제158호로 지정된 대왕암이랍니다.

대왕암

2

신라와 발해의
남북국 성립과 발전

3

한반도를 통일한
신라의 변화

중·고등학교 교과서 관련 단원

• 중등 역사 교과서 :
〈단원 3-2 남북국의 성립과 발전〉

• 고등 한국사 교과서 :
〈단원 1-5 남북국 시대를 열다〉

거듭된 전쟁을 겪으며
왕권이 강화된 신라

어느 시대의 어떤 나라든 전쟁을 겪고 나면 국력이 약해질 수밖에 없어요. 전쟁에서 패했을 때는 두말할 것도 없고, 승리를 했다고 하더라도 전쟁 중에 엄청난 국력이 소모되기 때문에 휘청거릴 수밖에 없지요.

신라 역시 마찬가지였어요. 642년 백제와 벌였던 대야성 전투를 제외하더라도 당나라와 연합해 660년과 668년에 백제와 고구려를 각각 멸망시켰고, 그 이후 당나라 세력을 완전히 몰아냈던(676년) 나·당 전쟁까지 무려 16년 동안 전쟁의 소용돌이에 휩싸여 있었으니까요.

하지만 신라가 국력을 회복하는 데는 그다지 많은 시간이 걸리지 않았어요. 오랜 세월 전쟁을 치르는 과정에서 귀족들의 입지는 좁아진 반면, 왕권이 크게 강화되었기 때문이지요.

진골 출신으로는 처음으로 왕위에 오른 태종 무열왕은 즉위와 동시

에 자신의 처남인 김유신을 상대등으로 임명해 권력 기반을 튼튼하게 했고, 통일 전쟁을 마무리한 문무왕 역시 넓어진 영토를 자신의 측근들에게 다스리게 해 왕권을 크게 강화시켰던 거예요.

나아가 문무왕은 전쟁에서 사용했던 무기를 녹여 농기구를 만들어 나누어 주게 함으로써 농작물의 수확을 크게 늘이는 한편, 전쟁으로 피폐해진 백성들의 마음을 어루만져 주어 민심까지 얻으면서 비교적 수월하게 전쟁의 후유증에서 벗어날 수 있었지요.

그렇다고 해서 귀족들이 무작정 당하고 있었던 것만은 아니었어요. 태종 무열왕과 문무왕이 전쟁을 이유로 왕권을 강화하자 귀족들 사이에서 불만의 목소리가 커지기 시작했지요. 그리고 문무왕이 세상을 떠나고 그의 맏아들 신문왕이 보위에 오르면서 나라가 잠시 어수선해진 틈을 타 반란이 일어났어요.

서연이는 자료 조사를 하면서 반란을 일으킨 사람이 다름 아닌 신문왕의 장인이었다는 사실이 믿기지 않았어요. 이제 갓 임금이 된 사위를 내쫓기 위해 왕비의 아버지가 반란을 일으키다니, 도무지 이해할 수가 없었던 거예요.

"사위도 자식이라는데, 어떻게 칼을 들이댈 수 있었을까요?"

서연이의 질문에 외삼촌이 대답했어요.

"권력 때문에 사람이 어떤 일을 벌여 왔는지에 대해서는 이미 여러 차례 얘기한 적이 있었지? 신문왕이 즉위하자마자 반란을 일으킨 김흠돌 역시 마찬가지였을 거야."

"하지만 김흠돌은 신문왕의 장인이었잖아요."

"김흠돌에 대한 기록이 많지 않아 그의 출신 성분에 대해서 정확하게 알 수는 없어. 하지만 대장군의 신분으로 고구려 원정에 참여해 공을 세워 최고위 벼슬 중 하나인 파진찬까지 올랐고, 김유신의 사위였던 점으로 미루어 진골 가문이었을 가능성이 높아. 그리고 김흠돌은 자신의 딸을 신문왕이 태자 신분으로 있을 때 시집보냈지."

"사위가 임금이 되었으니 남부러울 게 없는 입장이 된 거 아닌가요?"

"그래서 김흠돌의 반란에 대해 다양한 해석을 하고 있단다. 그 하나는 왕비가 된 딸이 아들을 낳지 못해 자칫하면 폐위될 수도 있었기 때문에 극단적인 선택을 했을 것이라는 주장이야."

"또 다른 해석은요?"

"김흠돌이 임금의 장인이 되면서 권력의 중심에 서게 되자, 그 반대편에 있던 세력들이 왕마저도 어찌할 수 없는 반란 사건을 꾸며 제거했을 것이라는 추측이야. 어쨌든 신문왕은 김흠돌의 반란 사건을 계기로 평소 불만의 목소리를 높이곤 했던 진골 세력을 대대적으로 숙청하면서 왕권을 더욱 강화시키는 계기를 마련할 수 있었단다."

"신문왕 입장에서는 오히려 잘된 거네요?"

"결과적으로는 그렇게 된 셈이지. 김흠돌의 반란 덕분에 불만 세력을 한꺼번에 정리한 신문왕은 귀족 세력을 더욱 압박하기 위해 국학을 설립해 인재를 양성하기 시작했어."

재윤이가 물었어요.

"외삼촌, 국학이 뭐예요?"

"국학이라는 것은 신라 최고의 교육기관으로, 박사와 조교를 두어 젊은 인재들에게 논어나 효경과 같은 유교 경전을 가르치는 교육기관 이야."

"그런데 그 사람들이 어떻게 귀족들을 압박할 수 있었던 거예요?"

"골품제라는 신라의 신분 제도 기억나지?"

"예. 성골과 진골, 그리고 6두품에서 1두품까지 모두 8개로 나누어진 신분 제도로, 집 크기나 옷 색깔까지 지정되어 있었다고 했잖아요."

"우와, 우리 재윤이 기억력이 대단한데! 신문왕이 국학을 설립하자 능력이 있어도 골품제 때문에 승진하지 못하는 6두품 출신의 영특한

젊은이들이 입학해 학문을 연구했단다. 그래서 벼슬은 높지 않지만 왕과 가장 가까운 곳에 머무르면서 오늘날의 비서와 같은 조언자 역할을 하게 되었고, 결국은 진골 귀족을 견제하는 핵심 세력으로 성장할 수 있었지."

외삼촌의 얘기가 끝나자 은서 언니가 나서서 설명을 덧붙였어요.

"그 대표적인 인물이 당시 신라 사람들이 쓰고 있던 이두를 정리한 학자 설총이야."

그 순간 재윤이의 눈동자가 반짝 빛났어요. 서연이는 그런 재윤이를 가만히 지켜보았어요. 이전 시간에 은서 언니 말투 때문에 진저리를 쳐야만 했던 것에 대한 복수를 시도할 거라는 느낌이 들었던 거예요.

잠시 후 재윤이가 임금 앞에 납작 엎드린 신하처럼 허리를 잔뜩 굽히더니, 역사 드라마에 등장하는 내시 흉내를 냈어요.

"역시 은서 누님께서는 존경받아 마땅한 분이셔요. 이 동생은 누님의 넓은 지식에 매번 감탄할 따름입니다요.”

순간적으로 은서 언니는 당황한 표정을 감추지 못했지요. 하지만 곧 재윤의 꼼수를 짐작한 듯, 차분하게 말을 이었어요.

“원효대사의 아들로도 유명한 설총은 무조건 임금 편만 들었던 것은 아니야. 자신이 지은 설화 《화왕계》를 통해 왕이 한 나라의 군주로서 지켜야 할 도리를 강조하기도 했어.”

“아, 네. 그랬군요, 누님! 그런데 신라 시대에는 절에서 도를 닦는 스님도 결혼을 했나요? 원효대사가 설총의 아버지라면, 그를 낳은 어머니도 있었을 거라는 생각이 들어서 말입니다.”

은서 언니가 빙긋이 웃었어요. 서연이에게는 그 모습이 재윤이의 작전에 절대로 말려들지 않겠다는 의지의 표현으로 보였지요.

“사랑하는 아우야, 박학다식한 이 누님이 설총을 낳은 원효대사의 결혼 이야기를 들려줄까?”

재윤이가 흠칫했어요. 전혀 예상하지 못했던 은서 언니의 반응 때문이었지요.

“예, 듣고 싶습니다. 존경하는 은서 누님!”

그렇게 은서 언니의 이야기가 시작되었어요.

신라 26대 임금이었던 진평왕 39년, 오늘날의 경북 경산 지방인 압량 불지촌에서 한 아이가 태어났다. 서당이라고 불렸던 그 아이는 어려서부터 무척 총명했는데, 29세에 황룡사에서 스님이 되어 원효라는 법명으로

각종 불전을 공부하며 수도에 정진했다.

더 깊이 있는 불경 공부를 하고 싶었던 원효는 34살이 되던 해에 동료 스님인 의상과 함께 당나라 유학길에 올랐다. 당나라로 가는 배를 타기 위해 지금의 경기도 화성 지방에 있었던 당항성으로 가던 중 날이 저물어 동굴에서 하룻밤을 묵게 되었다.

워낙 먼 길을 걸어 피곤했던 탓인지 원효는 곧 깊은 잠 속으로 빠져들었고, 한밤중에 목이 말라 잠에서 깬 그는 공부하던 절에서 그랬던 것처럼 머리 위로 팔을 뻗어 물을 한 그릇 모두 마신 후 피곤이 완전히 풀릴 만큼 푹 자고 일어났다.

그런데 기지개를 켜다가 언뜻 보니 머리맡에 해골이 하나 놓여 있었다. 소스라치게 놀란 원효는 곧 자신이 지난밤에 해골에 고인 물을 마셨다는 사실을 깨닫게 되었고, 견딜 수 없는 구역질과 함께 배 속에 들어 있던 모든 것을 토해 내고 말았다.

난데없는 토악질로 온몸의 기운이 다 빠진 원효는 고개를 들어 하늘을 바라보았다. 노랗게 변한 하늘이 뱅글뱅글 돌기 시작했다. 그 순간 원효는 '이 세상 모든 것은 마음먹기에 달려있다.'는 사실을 깨달았다.

원효는 그 자리에서 당나라 유학을 포기해 버렸다. 부처님의 가르침 역시 마음속에 있는 것이며, 그것을 제대로 실천해 나아가는 것이 불제자가 해야 할 일이라고 여겼기 때문이었다.

그 이후 원효는 전국 각지를 돌아다니며 신분이 낮은 농민이나 천민들과 어울려 함께 일하고, 함께 놀면서 불법을 전했다. 어떤 자리에서든 부처님이나 불경 등을 따지지 않고 행동으로 보여 주는 원효는 머지않아 신라에서 무척 유명한 스님이 되었다.

그러던 어느 날부터 원효는 아침부터 저녁 늦게까지 미친 사람처럼 큰 소리로 '누가 자루 없는 도끼를 빌려 주겠는가. 하늘 받칠 기둥을 찍으려는데 도끼가 보이지 않는구나!'라는 노래를 부르며 거리를 쏘다니기 시작했다. 사람들은 그 노랫말의 숨은 뜻을 알지 못했다.

하지만 원효가 밤낮으로 부르고 다닌다는 그 노랫말을 들은 임금 태종 무열왕은 얼굴 가득 환한 미소와 함께 자신의 무릎을 탁 치면서 '요석 공주 남편이 백제와의 전투에서 전사하는 바람에 내 마음이 늘 무거웠는데, 이 제야 한시름 덜게 되었구나! 원효 스님과 요석 공주 사이에 아들이 태어난다면 나라를 떠받칠 큰 기둥이 될 것이야!'라고 말하는 것이었다.

곧이어 임금은 신하들에게 원효를 찾아 요석 공주의 거처인 요석궁으로 모시라는 명을 내렸다. 그런데 신하들이 찾은 원효는 하필 개천을 건너다 물에 빠져 흠뻑 젖어 있었고, 왕명을 지키려는 신하들에게 이끌려 요석 궁으로 가게 되었다.

요석궁에 도착한 원효는 주변 사람들의 시선 따위는 전혀 아랑곳하지 않고 옷을 훌렁 벗어 햇볕에 말리기 시작했다. 요석 공주의 눈에 그런 원효는 영락없이 미친 사람이었다. 하지만 시간이 흐르면서 원효의 진면목을 알게 되었고, 급기야는 잠시라도 보지 않으면 견딜 수 없을 만큼 사랑하게 되었다.

그렇게 해서 원효와 요석 공주는 결혼을 했고, 1년 뒤 출산을 했는데 그 아이가 바로 설총이다. 모든 것을 한자로 기록해야만 했던 그 당시에, 이두를 정리하여 문자 보급에 공헌한 설총이 태어난 것이었다.

101

파계를 하고 설총을 낳은 원효는 그 후로 승복 대신 일반 사람들과 같은 옷을 입고 다니며 원효라는 이름 대신 스스로를 소성거사小性居士라고 불렀다. 또한 광대들이 갖고 다니는 함지박 하나만을 들고 세상을 떠돌며 '나무아미타불' 만 열심히 외우면 극락에 갈 수 있다는 설법을 행하였다.

신라의 가난하고 무지몽매한 백성들은 원효로 인해 불법을 알게 되었고, 나무아미타불을 읊을 수 있게 되었다. 원효는 부처의 가르침을 일반 백성들에서 널리 알리는 일을 했을 뿐만 아니라, 《화엄경》과 《금강삼매경》에 대한 해설서를 써서 후학들에게 큰 도움을 주었다.

원효와 요석 공주의 결혼 이야기를 마친 은서 언니가 재윤이의 손을 다정하게 잡았어요. 그리고 그윽한 눈빛으로 재윤이를 한참 동안 바라보더니 입을 열었지요.

"고재윤! 누나가 유치부 꼬마들 구연동화 때문에 연습 삼아 말투를 이상하게 했다고 감히 복수를 하려 들어? 네가 그러면 이 누나가 '아이쿠! 내가 잘못했다.' 하면서 빌기라도 할 것 같니? 고얀 녀석 같으니라고!"

"……!"

외삼촌과 서연이는 마치 벌레를 씹은 듯한 재윤이의 일그러진 표정을 보며 한참을 웃었어요. 결국 재윤이의 복수극은 완벽하게 실패하고 말았네요.

잠시 후, 외삼촌이 전쟁 이후 신라의 정세를 정리해 주었어요.

"국학 출신의 젊은 인재들을 등용하면서 신문왕은 왕권을 더욱 강화해 나갔어. 그와 함께 왕에게 직접 업무를 지시받는 조정의 시중도 막강한 권한을 갖게 되었지. 한편, 진골 귀족들의 뜻을 모으는 화백회의가 큰 힘을 발휘할 수 없게 되면서 화백회의를 주관하는 상대등의 권한도 크게 줄어들 수밖에 없었단다."

　오늘 시간 여행을 통해 서연이는 좋은 일이 생겼다고 해서 지나치게 기뻐하거나, 나쁜 일이 일어났다고 해서 너무 속상해할 필요가 없다는 생각이 들었어요. 물론 좋은 일만 계속된다면 더할 나위가 없겠지만, 김흠돌의 반란처럼 좋지 않은 사건이 신문왕에게는 도리어 최고의 기회가 되어 주었던 것처럼 상황은 언제든 변할 수 있으니까요.

진골 출신이었던 김춘추는 어떻게 임금이 될 수 있었을까?

신라 29대 임금 태종 무열왕(재위 654~661) 김춘추는 진골 출신 최초의 왕입니다. 그렇다면 성골만 왕이 될 수 있다는 오랜 전통을 깨고, 김춘추가 왕이 될 수 있었던 이유는 무엇이었을까요?

김춘추가 왕이 되기 전, 신라는 선덕여왕에 이어 진덕여왕이 통치를 했어요. 그때까지만 해도 신라는 성골 출신만 임금을 할 수 있었는데 성골 출신 중에는 남자가 없어서 여왕을 추대할 수밖에 없었지요.

그런데 여왕이 나라를 다스리면서 왕의 권위가 크게 약해졌어요. 선덕여왕 시절 상대등 비담의 반란이 바로 그 증거이지요. 이 반란은 김유신에 의해 진압되었어요. 김유신은 금관가야가 신라에 항복하면서 진골에 편입된 구해왕의 손자로, 신라 정통 진골들에게 따돌림을 당하는 입장이었어요. 그런데 이 반란을 계기로 군사권을 장악하면서 권력의 중심부에 진입할 수 있었지요. 그리고 진덕여왕이 세상을 떠나자 진골 귀족들은 화백회의를 통해 이찬 벼슬에 있던 알천에게 왕위를 잇도록 하는 것으로 결정을 내렸지요.

그런데 알천은 고개를 저으며 '나는 늙은 데다 나라에 큰 공을 세운 적이 없으니, 덕망이 높은 김춘추 공이 보위를 이어야 한다.' 며 극구 사양을 하는 거예요. 그렇게 해서 김춘추는 진덕여왕의 뒤를 이어 신라의 29대 임금이 될 수 있었습니다.

알천은 왜 왕위를 김춘추에게 양보했을까요? 그가 양보를 하면서 했던 말은 과연 진심이었을까요? 사실은 화백회의가 열리고 있을 때 나라의 병권을 한 손에 쥐고 있는 진골 귀족인 김유신도 그 자리에 있었어요.

그런 김유신이 두 눈을 부릅뜬 채 노려보고 있으니 아무리 왕좌가 탐이 나더라도 포기할 수밖에 없었던 거예요. 임금이 되겠다고 말하는 순간 목이 잘리고 말테니까요. 결국 김춘추의 왕위 계승은 그 자신의 뛰어난 능력도 있었지만, 처남 김유신의 적극적인 도움이 아니었다면 불가능한 일이었답니다.

제도를 정비해 새로운 도약을 꿈꾸는 신라

신라는 백제의 모든 땅과 고구려 남부 지방을 차지하게 되면서 영토가 서너 배나 넓어졌어요. 따라서 예전의 제도만으로는 나라를 효과적으로 관리하고 운영할 수가 없게 되었지요. 그래서 각 지방의 행정 조직과 군사 제도, 나아가 토지 제도 등을 확대하고 발전시켜 새롭게 정비했어요.

신라의 제도 개편에 대해 외삼촌이 설명해 주었어요.

"아버지 문무왕에게 영토가 넓어진 신라를 물려받은 신문왕은 9주 5 소경 제도를 도입했어. 예전의 고구려와 백제, 그리고 신라 땅을 각각 3개의 주로 나누어 전국적으로 9개의 주가 되도록 한 거야."

서연이가 물었어요.

"그러니까 '주'는 오늘날의 '도'와 거의 비슷한 개념이네요?"

외삼촌이 고개를 끄덕였어요.

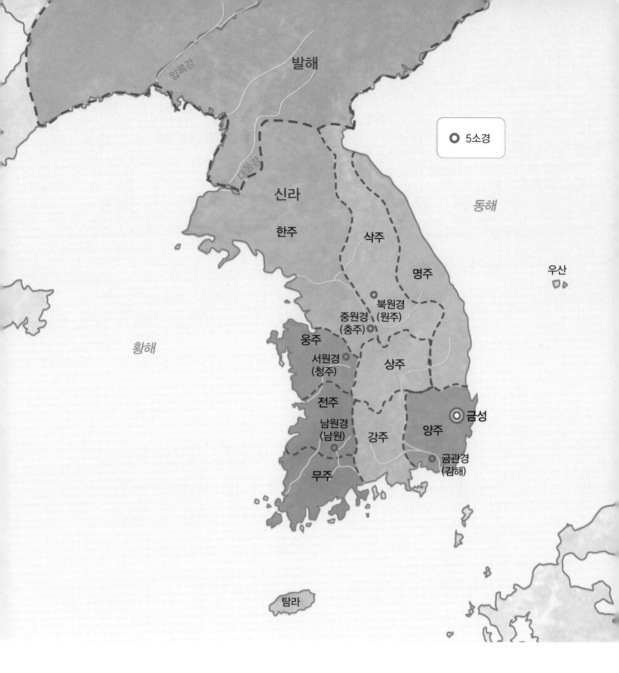

"그렇지. 옛 신라 땅에 상주·강주·양주, 고구려의 옛 영토에는 한
주·삭주·명주, 그리고 백제가 지배했던 곳에는 웅주, 전주, 무주를
두고 총관(785년부터는 도독이라는 호칭으로 바뀜)이라는 지방관을 파견
해 관리하도록 했지."

재윤이가 외삼촌 앞으로 빠짝 다가앉으며 입을 열었어요.

"한 사람이 그 넓은 땅을 어떻게……?"

서연이는 재윤이의 말에 어이가 없었어요. 은서 언니한테 복수를 하려다 실패한 뒤, 정신이 온통 그쪽으로 쏠려 있는 것 같다는 생각이 들었지요.

"도청에 도지사 한 사람만 출근하니? 각 주를 책임지는 관리를 총관이라고 했다는 얘기잖아!"

재윤이가 뒤통수를 긁적이며 중얼거렸어요.

"아차! 그러네."

외삼촌의 설명이 이어졌어요.

"주 아래는 군을, 군은 또 현이라는 하부 조직을 두었어. 군에는 태수가, 현에는 현령이 파견되었단다. 그리고 이들 지방 관리들이 일을 잘하고 있는지 '외사정'을 따로 보내 감시하기도 했는데, 아마도 중앙 집권적 통치 조직을 강화하기 위해 그런 제도를 만들었을 거야."

재윤이가 다시 물었어요.

"지방 관리들의 잘잘못을 감시하는 역할을 하는 외사정은 조선 시대 박문수처럼 암행어사였네요?"

"그런 셈이지."

"그런데 5소경이라는 건 또 뭐예요?"

"5소경이라는 건 다섯 개의 작은 수도라는 뜻으로, 오늘날의 광역시와 비슷한 성격을 갖고 있었어. 신라의 도읍은 그대로 금성(경주)이었

는데, 지리적으로 국토의 동남부에 너무 치우쳐 있었던 탓에 5개의 소경인 북원경(원주)·중원경(충주)·서원경(청주)·남원경(남원)·금관경(김해)을 두어 각 지방의 중심지로 성장시켰단다."

외삼촌의 얘기가 끝나자 서연이가 물었어요. 자료를 조사하면서 '향·부곡'이라는 것이 발견되곤 했는데, 그것이 무엇을 의미하는지 이해가 되지 않았기 때문이었지요.

"외삼촌, 향과 부곡에 대해 설명해 주시면 좋겠어요. 어렴풋이 짐작은 가는데, 정확하게 어떤 역할을 했는지에 대해서는 이해가 되지 않아요."

외삼촌이 환하게 웃으며 대답해 주었어요.

"우리 서연이가 준비를 많이 했구나. 신라 시대의 향과 부곡은 나라에서 특별히 관리하는 구역이야. 대부분 마을 단위의 크기로, 천민과 비슷한 신분을 가진 사람들이 사는 곳이었지."

"천민 신분인 노비는 주로 양반 집에 살면서 시중을 들거나 허드렛일을 했는데, 그렇다면 향이나 부곡에 사는 사람들은 노비는 아니었겠네요?"

"그럼. 노비하고는 엄연히 다른 신분이었지. 노비처럼 특정한 사람한테 소속된 것이 아니라, 지정된 구역 내에서 농사를 짓거나 수공업에 종사하면서 독립적으로 살아갔으니까."

"어떤 사람들이 그곳에 살았던 거예요?"

"반역죄를 지은 사람의 일가친척이나 윤리에 어긋나는 죄를 짓고 감옥살이를 마친 사람, 또는 나라 간의 전쟁으로 신라의 백성이 되었지만 끝내 항복을 하지 않는 사람 등을 그곳에서 살게 했단다."

그제야 서연이는 향과 부곡이 무엇인지 확실히 알게 되었어요. 그러니까 조정 대신이 잘못을 저지르면 멀리 떨어진 곳으로 귀양을 보내 포졸들에게 감시하게 하는 것처럼, 일반 백성들 중에서 문제를 일으킨 사람들을 모아 관리하는 곳이 바로 향과 부곡이었던 거예요.

잠시 후, 재윤이가 무척 특이한 질문을 했어요. 물론 평소의 재윤이답게 군대에 관한 내용이었지요.

"그런데 외삼촌, 병사들은 어떻게 되었어요? 무기는 녹여 농기구를 만들어 버렸고, 당나라까지 물러가 더 이상 싸워야 할 적도 없으니 모두들 제대를 시켜 고향으로 돌려보냈나요?"

"우리 재윤이가 오해를 한 듯 싶구나."

"예? 제가 뭘요?"

"무기를 녹여 농기구를 만들게 했다는 얘기를 너무 확대해서 받아들였다는 말이야. 그렇게 사용된 무기는 낡거나 닳아 쓸모없게 된 일부분에 지나지 않아. 그리고 당나라를 몰아냈다고 해서 모든 병력이 필요없게 되었을까? 병사들을 모두 고향으로 보내 버리면 북쪽 국경은 누가 지키지? 남해안에 상륙해 노략질하는 왜구는 어떻게 막아 낼 것이며, 혹시 반란이라도 일어나면 누구를 보내 진압할까?"

재윤이가 고개를 끄덕이며 인정했어요.

"제가 잘못 생각했네요."

"군사력이란 전쟁을 수행하는 능력이기도 하면서 적이 우리를 공격하지 못하게 하는, 다시 말하자면 전쟁을 억제하는 힘이기도 하단다. 오랜 전쟁을 통해 그런 사실을 확실하게 깨닫게 된 신라는 넓어진 영토에 알맞도록 군사 제도를 새롭게 정비했어."

서연이는 낮에 정리한 신라의 군사 제도를 다시 한 번 훑어보았어요.

신라의 16세~60세 사이 남자는 정남丁男(나이가 젊고 기운이 좋은 남자)이라고 하여 병역 의무를 지고 있었어요. 농번기에는 농사를 짓고 농한기에 군사 훈련을 했는데, 전쟁이 일어나면 이들은 모두 무기를 들고 나가 자신의 고장을 지켰지요.

정남에 편입된 16세 이상의 남자는 일정한 나이가 되면 3년 동안 국경 수비나 도성 경비, 또는 요새 지역 방비 등을 위해 고향을 떠나 병영에서 근무를 했어요. 그러니까 신라에 사는 16세~60세 사이의 남자는 모두 오늘날의 예비군과 같은 역할을 했고, 20세를 전후한 3년 동안은 현역으로 부대에 들어가 군대 생활을 한 셈이지요.

외삼촌의 설명이 이어졌어요.

"신라는 통일 후 군사 제도를 정비하여 중앙군 9서당과 지방군 10정을 두었단다. 도성 수비와 함께 임금 호위는 9서당이 담당했단다. 9서당의 병사는 신라인과 고구려·백제인은 물론 말갈 출신까지 포함되어 있었는데, 통일과 함께 드러난 지역감정 해소를 위한 조치였던 것으로 알려져 있어. 그리고 전국을 새로 나눈 9개 주 중 8개 주에 각 1정의 부대를 배치했어. 다만 북쪽 국경에 면하고 있는데다 면적이 넓은 한주는 2정의 부대를 두어 만약의 사태에 대비했지."

그런데 서연이로서는 아무리 곱씹어 생각해도 쉽게 이해되지 않는 한 부분이 있었어요. 그것은 바로 병역 의무를 지고 있는 남자들의 나이였지요.

"저는 16세에서 60세까지의 모든 남자한테 병역 의무가 있었다는 사실이 이해되지 않아요. 그때와는 영양 상태가 비교할 수 없을 만큼 좋아진 지금도 16세면 아직 어린 소년이고, 60세라면 할아버지 소리를 듣게 되는 나이인데, 그런 사람들을 데리고 어떻게 전쟁을 했는지 상상조차 할 수가 없어요. 신라 시대 때 그 나이 사람들은 말 그대로 꼬마였고 허리가 휜 노인이었을 테니까요."

외삼촌은 충분히 의구심을 가질 만한 부분이라고 하면서 서연이의

궁금증을 풀어 줄 설명을 시작했어요.

"보통 전쟁이라고 하면 창칼이나 총을 들고 적군과 맞부딪쳐 목숨을 건 싸움만을 떠올리기가 쉬워. 하지만 그건 전쟁을 치르는 과정에서 지극히 일부일 뿐이지."

"예? 적군을 상대하는 싸움이 전쟁의 일부분일 뿐이라고요?"

서연이가 놀란 표정으로 되묻자 재윤이가 끼어들었어요.

"에이, 누나. 고구려와 당나라가 맞붙었을 때 전쟁에서 보급이 차지하는 비중이 얼마나 큰지 얘기했었잖아!"

"보급? 아, 식량이나 무기 등을 전쟁터로 지원해 주는 일!"

그제야 기억이 되살아났어요. 전투를 벌이는 병사들이 아무리 용감해도 보급이 제대로 이루어지지 않으면 전쟁은 실패할 수밖에 없다는 얘기가 떠올랐던 거예요.

외삼촌의 이야기가 계속되었어요.

"신라 시대 때 정남은 16세에서 60세까지로 정해져 있었지만, 노약자들까지 전투에 참여시키지는 않았을 거야. 재윤이 말대로 보급을 담당했겠지. 그리고 적의 공격으로 허물어진 성을 보수한다거나 망가진 무기를 손질하는 등 후방에서 전투병들을 지원했단다."

신라 남자들의 병역 의무에 대한 서연이의 궁금증은 그렇게 해결되었어요. 그러자 외삼촌은 곧 통일을 이룬 신라의 토지 제도 정비에 대한 이야기를 시작했어요.

"통일과 함께 왕권이 강화된 신라는 귀족 세력의 기반을 약화시키는 쪽으로 토지 제도를 개편해 나갔어. 가장 큰 변화는 그때까지 귀족이나 관리들에게 주었던 녹읍을 없애는 대신 관료전을 나누어 주었다는 점이야."

재윤이가 질문했어요.

"녹읍은 뭐고, 관료전은 또 뭐예요?"

"둘 다 나라에서 귀족이나 관리들에게 하사한 땅이야. 그런데 녹읍은 그 지역 안에 살고 있는 백성들에게 세금뿐 아니라 노동력과 공물까지 마음대로 거둘 수 있었어. 그러니까 관리는 자신의 녹읍 안에서 임금과 같은 행세를 했지. 그에 반해 관료전은 세금만 거두어들일 수 있는 땅이야. 백성들을 마음대로 부릴 수 없다는 얘기지. 따라서 귀족이나 관리들의 영향력이 크게 약화될 수밖에 없었던 거야."

결국 통일 이후 신라는 모든 제도가 왕 중심으로 바뀌어 갔어요. 화백회의를 통해 크고 작은 나랏일을 처리하던 귀족 중심 국가에서 왕권이 크게 강화된 중앙 집권 체제로 탈바꿈하기 시작한 것이지요.

지방 세력을 견제하기 위해 도입한 신라의 상수리 제도

상수리 제도란 신라 시대 때 지방의 향리를 도읍인 경주로 불러들여 근무하게 했던 제도를 말합니다. 신라 조정이 전국 각지에서 올라온 향리를 볼모로 지방 세력을 통제하기 위한 수단으로 이용했는데, 그것이 바로 상수리 제도인 것이지요.

《삼국유사》에 '나라 제도에 해마다 바깥 주_州에 있는 관리 한 사람을 도읍의 여러 관청으로 올려 보내 일하게 하였다.'는 구절이 있는데, 신라의 이러한 제도가 고려 시대에 이르러서는 기인 제도로 발전했답니다.

상수리 제도는 '392년 내물마립간 때 이찬 대서지의 아들을 고구려에 볼모로 보냈고, 그로부터 10여 년이 지난 실성마립간 때는 내물마립간의 아들 미사흔과 복호를 왜나라와 고구려에 볼모로 보냈다.'는 기록으로 미루어, 4세기 후반에서 5세기 초반부터 있었던 것으로 추측할 수 있습니다.

그 이후 통일을 이룬 신라는 나라를 중앙 집권적 국가 체제로 전환하는 과정에서 주변의 경쟁국에 보냈던 볼모 제도를 모방해 지방 세력가인 향리를 도성으로 불러들여 통제를 했던 것입니다.

더욱 풍족해진 귀족, 더 더욱 가난해진 백성

삼국을 통일한 신라는 영토만 넓어진 것이 아니라 인구 또한 많이 늘어 나라의 경제력이 크게 향상되었어요. 그래서 신라는 모든 백성들이 풍족한 삶을 누리는 살기 좋은 나라가 되었을까요?

서연이는 당연히 그렇다고 생각했어요.

한반도 동쪽 귀퉁이에 틀어박혀 북쪽에는 고구려가 호령하고 있고 서쪽으로는 백제의 공격을 받았으며, 남동쪽은 왜구들에게 노략질을 당했던 약소국 신라가 한반도를 통일한 후 여러모로 국가 사정이 좋아졌으니 당연히 모두가 잘사는 나라가 되었을 것이라고 여겼던 까닭이지요.

하지만 아니었어요. 통일 이후 신라 백성들의 삶에 대해 예습을 하다 보니 그 이전보다 나아진 것이 없었다는 사실을 알게 된 것이지요. 나라의 영토가 넓어진 혜택이 일반 백성들에게 돌아간 것이 아니라, 예

골 품 제

전부터 잘 먹고 잘살았던 귀족들이 고스란히 차지해 버렸던 거예요.

외삼촌이 그 부분에 대한 보충 설명을 해 주었어요.

"신라는 골품제라는 신분 제도가 오랜 옛날부터 자리를 잡고 있었어. 그래서 대부분의 귀족들은 도읍인 금성에서 살면서 대대로 세습해 온 토지를 소유하고 있었고, 수많은 노비들의 시중을 받으며 호화로운 생활을 영위해 나갔지. 게다가 통일이 된 이후 나라에서 상으로 토지를 하사했기 때문에 그들의 곳간은 더욱 넘쳐나게 되었단다."

재윤이가 입술을 삐쭉거리며 불만스러운 표정으로 물었어요.

"칼이나 창을 들고 전쟁터에 나가 싸우다가 죽거나 다친 사람들은 대부분 일반 백성들이었을 텐데, 왜 귀족들한테 상을 줘요?"

"물론 싸움은 일반 백성들이 했지. 하지만 그들을 지휘한 장수나 장군들은 하나같이 귀족 출신이었거든. 그러니 모든 혜택이 그 사람들한

백성들한테는 혜택이 돌아가지 않아.

테 돌아갈 수밖에……."

"결국 불쌍한 백성들만 헛고생을 한 셈이 네요?"

"그 이후로 전쟁이 일어나지 않아 목숨의 위협을 받지 않고 생업에 종사하게 되었으니 아주 헛고생을 한 건 아니지. 하지만 일반 백 성들의 삶이 달라질 만큼 혜택을 받지 못했던 건 사실이야. 그와는 달리 귀족들은 연기 때 문에 집이 검게 그을린다며 숯으로 밥을 지어먹으며 금입택에서 살았 고, 계절에 어울리는 별장을 곳곳에 갖고 있어서 마치 여행을 하듯 여 기저기를 돌아다니면서 살았다고 해."

재윤이의 질문이 이어졌어요.

"그런데 금입택이라는 게 뭐예요?"

"그건 내가 설명해 줄게."

이번에는 서연이가 나섰어요. 자료 검색을 하다 금입택에 대한 내용 을 발견하고는 황당할 만큼 지나치다는 생각이 들어 꼼꼼하게 정리를 해 두었기 때문에 재윤이가 알아듣게 얘기해 줄 자신이 있었던 거예요.

"금입택金入宅은 '금을 입힌 집'을 한자로 표기한 말이야. 그 당시 신 라의 진골 귀족들의 저택은 넓은 집터에 화려한 정원을 꾸미고 그 안쪽 에 건물을 지었는데, 바깥벽에 석회를 바르는 게 아니라 금을 칠해 마 감을 했어. 그래서 금입택이라는 말이 생기게 되었지.《삼국유사》에는

신라의 도읍인 금성에 있었던 금입택 중에서 김유신의 조상이 살았던
저택인 '재매정택'을 비롯한 39채의 이름까지 소상하게 밝혀 놓았어.
그런데 여기에 등장하는 금입택은 비교적 규모가 큰 것들이며, 그 이외
에도 수많은 금입택이 있었던 것으로 알려져 있어. 어쨌든 신라 금성의
금입택이 얼마나 호화로웠던지, 일본의 역사책《일본서기》는 물론, 아
랍제국의 기록에서도 발견될 정도였대."

서연이가 얘기를 하는 동안 재윤이는 더욱 불만스러운 얼굴이 되었
어요. 몇 시간 전에 서연이가 그랬던 것처럼, 재윤이 역시 신라 귀족들
의 사치가 몹시 마음에 들지 않았던 까닭일 거예요.

잠시 후, 은서 언니가 입을 열었어요.

"일반 백성들은 왜 잘 살 수 없었을까요? 열심히 일을 하면 부자가
될 수도 있었을 텐데요."

하지만 외삼촌은 고개를 저었어요.

"물론 그런 사람도 더러는 있었겠지. 하지만 기름진 땅은 모두 귀족들이 소유하고 있었고, 일반 백성들은 물이 닿지 않는 척박한 땅을 조금씩 나누어 갖고 있었기 때문에 많은 수확을 거두어들일 수가 없었어. 그래서 귀족들의 땅을 빌려 농사를 지었는데, 수확량의 절반 이상을 땅 빌린 값으로 지불해야 했단다."

여전히 인상을 찌푸리고 있던 재윤이가 외쳤어요.

"신라 귀족들, 완전히 날강도였네요! 일 년 내내 놀기만 해 놓고서는 어떻게 절반 이상을 빼앗아가요?"

외삼촌이 재윤이의 등을 토닥여 주며 말을 이었어요.

"또한 백성들은 벼나 콩, 또는 삼베나 비단 등을 나라에 세금으로 바쳐야 했기 때문에 하루하루 먹고 살기에도 빠듯할 정도였지. 게다가 나

라에서 벌인 공사장에 나가 노동을 하는 부역은 물론, 병역 의무까지 다해야 했으니 재산을 모을 여지가 없었단다."

"어휴, 분통 터져!"

재윤이는 여전히 흥분이 가라앉지 않는 모양이었어요. '재주는 곰이 부리고 돈은 왕서방이 번다.'는 말처럼 대단히 불공정했던 당시의 사회 제도가 재윤이의 가슴에 불을 붙여 놓은 것이겠지요.

서연이는 그런 재윤이의 기분을 충분히 이해하고 있었어요. 그래서 아무 말도 하지 않은 채 지켜보고만 있었지요. 겉으로 표현하지 않았을 뿐 서연이 역시 같은 마음이었으니까요.

한편, 나라에서는 3년마다 한 번씩 촌락의 인구와 자원을 조사해 촌락장적(나라가 조세를 부과할 목적으로 조사해 작성하는 문서)을 작성했어요. 신라의 촌락장적에는 남녀별, 연령별 인구수 · 인구 이동 · 토지 면적 · 가축 수 · 뽕나무 · 호두나무 · 잣나무 등의 수량을 자세히 기록해 세금을 부과할 때 자료로 활용했답니다.

전성기를 누리던 신라의 도읍지 금성(경주)의 모습

금성(경주)은 신라가 통일을 한 이후 나라가 발전하면서 비약적으로 성장했습니다. 거대한 규모의 도시로 탈바꿈해 최고의 번영을 누리게 되었지요. 금성이 그렇게 된 데는 그곳에 살고 있던 사람들의 성향이 고스란히 반영되었기 때문이었습니다.

《삼국유사》에 '도성 안에 초가집이 한 채도 없었고, 음식을 만들 때

나무 대신 숯을 사용해 연기가 피어오르지 않았으며, 노랫소리와 피리 부는 소리가 밤낮으로 끊이지 않았다.'고 기록되어 있을 정도였어요.

또한 아라비아의 기록에는 '상인들이 신라의 수도인 금성만 가면 돌아올 생각을 하지 않아 문제가 심각하다.'는 고민을 적고 있어요. 아라비아 상인들이 신라의 화려한 황금 문화에 취했던 것인지, 밤낮을 가리지 않는 음주가무에 정신을 빼앗긴 것인지 알 수는 없지만 말이지요.

《삼국유사》에는 또한 '신라 전성기에 도읍인 금성에는 17만 8936호가 살았고, 행정 구역은 1360방坊, 55리里로 나뉘었으며, 금입택 또한 많았다.'고 기록되어 있습니다.

그러니까 한 가구당 5가족이 살았다고 가정한다면 금성의 인구는 약 90만 명에 이르렀던 거예요. 이는 물론 부인네들의 몸종을 비롯한 남녀 노비들은 포함되지 않은 숫자지요.

금성은 신라의 상징이었어요. 금성이 발전했을 때는 신라도 발전했고, 금성이 사치와 향락에 빠져있을 때는 신라 역시 흐느적거렸지요. 한 나라의 수도는 이처럼 그 나라의 운명과 함께 한답니다.

2

신라와 발해의
남북국 성립과 발전

4

고구려의 뒤를 이은
해동성국 발해의 등장

중·고등학교 교과서 관련 단원

• 중등 역사 교과서 :
〈단원 3-2 남북국의 성립과 발전〉

• 고등 한국사 교과서 :
〈단원 1-5 남북국 시대를 열다〉

고구려 유민을 중심으로
발해를 건국한 대조영

서연이는 외삼촌과 함께 하는 시간 여행을 떠나기 이전까지만 해도 발해에 대해 아는 것이 거의 없었어요. 고조선을 비롯해 고구려·신라·백제와 고려에 이은 조선까지는 비교적 익숙한 반면, 발해는 대조영이 건국한 나라였다는 사실 이외에는 까맣게 모르고 있었던 거예요.

그런데 외삼촌과 시간 여행을 함께 하면서 새로운 사실을 알게 되었어요. 발해는 엄연한 우리의 역사였지만, 일본과 중국의 역사 왜곡으로 인해 오랜 세월 동안 한국사의 울타리 안쪽으로 들어올 수 없었던 것이지요. 그래서 서연이는 발해에 대해 많은 애착을 갖게 되었어요. 그리고 발해에 대한 자료 찾기에 더욱 많은 노력을 기울였답니다.

신라와 연합군을 구성해 고구려를 멸망(668년)시킨 당나라는 평양에 안동 도호부를 설치했어요. 옛 고구려 영토였던 한반도 이북 지역과 요동 지방을 효과적으로 지배하기 위한 전초기지를 만들어 백성들을

128

통제하기 시작한 것이지요.

하지만 나라가 없어져 버렸음에도 불구하고 고구려 유민들은 당나라의 백성으로 살고 싶은 마음이 전혀 없었어요. 각지에서 당나라에 저항하는 세력들이 생겨나 안동 도호부 관리들의 골머리를 앓게 했지요.

결국 당나라는 옛 고구려 백성들에게 영향력을 행사할 수 있는 지도층 인사 2만 8천여 명을 선별했어요. 나아가 그들은 물론 가족들 모두를 중국 대륙 깊숙한 곳으로 강제 이주시켰답니다. 당나라에 대한 저항 운동의 뿌리를 뽑아 버리고자 했던 거예요.

그 이주민들 가운데는 고구려의 장수였던 걸걸중상과 대조영도 포함되어 있었어요. 그들이 도착한 곳은 요하 서쪽에 있는 영주라는 곳이었는데, 영주는 당나라가 대륙 동북쪽에 살고 있는 이민족을 지배하기 위해 조성해 놓은 군사 전략적 요충지였지요.

그 당시 영주에는 원주민인 거란족과 당나라에 의해 끌려온 말갈족이 뒤섞여 살고 있었어요. 거기에 고구려 유민들까지 합세하게 되자 영주는 그야말로 동북아시아 여러 민족의 지도층 인사들의 집합소가 되어 버렸지요.

당나라 영주 도독 조문홰는 여러 민족을 마구 뒤섞어 놓은 만큼 영주의 백성들은 절대로 뭉칠 수 없다고 여겼어요. 제각각 자신의 민족을 위해 서로 견제하고 대결할 것이므로 당나라에 대항할 여지가 없다고 생각한 것이지요. 그래서 마구잡이식 착취와 횡포를 부렸답니다.

조문홰의 폭정을 견디지 못한 거란족 추장 이진충이 자신의 처남이자 부하였던 손만영 등을 이끌고 반란을 일으킨 것은 696년 5월이었어요. 이진충은 아무런 대비도 하지 않고 있던 영주성을 단숨에 함락하고 조문홰를 죽인 뒤 거란의 독립을 선언했지요.

발해 건국에 대한 외삼촌의 설명이 이어졌어요.

"거란족 추장 이진충의 반란으로 영주 지역은 일대 혼란에 빠지고 말았어. 조문홰의 죽음과 함께 당나라의 통치력이 공백 상태에 빠지자 하루아침에 무법천지가 되어버린 거야. 대조영과 그의 아버지 걸걸중상은 그 틈을 타서 말갈족 지도자 걸사비우와 힘을 합해 고구려인과 말갈족을 이끌고 영주를 벗어났어. 그리고 당나라의 힘이 미치지 않는 동쪽으로 옮겨 자리를 잡았지."

은서 언니가 물었어요.

"당나라에서는 마냥 보고만 있었던 거예요?"

"그럴 리가 있겠니? 그들 입장에서 보면 수나라 때부터 수많은 목숨을 바쳐가며 온갖 어려움을 겪은 후에 얻은 땅인데, 거란의 독립이나 고구려인과 말갈족들의 독자 세력화를 그대로 둘 수는 없었지."

"그래서 어떤 조치를 취했나요?"

"당나라는 자신들에게 협조를 하면 대조영의 아버지 걸걸중상에게는 진국공, 걸사비우에게는 허국공이라는 벼슬을 주겠다며 회유를 했어. 하지만 두 사람은 당나라의 그런 제안을 한마디로 거절해 버렸지. 그래서 당나라의 측천무후는 거란족 출신 장수 이해고에게 대규모 병사를 내주어 고구려인과 말갈족들을 공격하게 했단다."

전쟁 이야기가 시작되자 또다시 귀를 쫑긋 세운 재윤이가 물었어요.

"당나라를 완전히 박살내 버려야 하는데, 그렇게 되었어요?"

"말갈족이 당나라의 공격을 먼저 받았는데, 유감스럽게도 패하고 말았단다. 게다가 말갈족 지도자였던 걸사비우마저 그 전투에서 전사하고 말았지."

"그러면 대조영과 고구려 유민들은 어떻게 되었어요?"

"대조영은 대장을 잃어버린 말갈족까지 끌어안고 이해고의 추격을 피해 더욱 동쪽으로 이동했어. 그리고 당나라 대군을 천문령까지 유인한 뒤 완벽에 가까운 승리를 거두었단다."

재윤이가 손뼉을 치며 외쳤어요.

"역시 당나라 상대는 고구려밖에 없다니깐!"

"이해고 부대의 전멸과 함께 당나라의 추격을 완전히 따돌린 대조영은 요동 지역에 남아 있던 고구려인과 말갈족을 모두 모아 길림성 돈화현의 동모산 부근에 성을 쌓아 도읍을 정한 뒤 '진국'이 건국(698년)되었음을 만천하에 알렸지. 고구려가 멸망한 지 30년째 되던 해에 고구려 유민들에 의한 새로운 나라가 등장한 거야."

재윤이가 놀란 표정으로 물었어요.

"대조영이 세운 나라가 발해가 아닌 진국이라고요?"

"건국 당시에는 진국이었어. 그러다 15년이 지난 713년에 나라 이름을 발해로 바꾸었단다."

"아, 그렇구나. 그런데 당나라가 또 쳐들어오지는 않았나요?"

"수많은 전쟁을 통해 어렵게 얻은 요동 땅에 다시 발해가 들어서니 무척 속이 쓰렸을 거야. 하지만 그 당시 당나라가 돌궐과 거란, 그리고

말갈 등 대륙 동북방의 여러 민족들을 통제하기란 사실상 불가능한 일이었어. 차라리 발해를 통해 이민족들을 견제하는 것이 바람직하다는 결론을 내렸지. 그래서 705년에는 사신과 함께 선물을 보내 화해의 몸짓을 취했고, 713년에는 발해의 고왕 대조영에게 발해군왕이라는 형식상의 관직을 주면서 발해가 자주 국가임을 공식적으로 인정할 수밖에 없었단다."

그 이후 발해는 북서쪽으로는 돌궐, 남쪽으로는 신라에 사신을 보내 화친을 맺었어요. 또한 내부적으로는 국경을 꾸준히 넓혀 옛 고구려 영토 대부분을 흡수했지요. 그렇게 해서 한반도에는 한민족이 세운 두 나라, 즉 남쪽의 신라와 북쪽의 발해가 공존하는 남북국 시대가 열리게 되었어요.

고왕 대조영에 이어 발해의 두 번째 임금이 된 무왕 대무예는 영토 확장을 위해 더욱 많은 노력을 기울였어요. 그 결과 여러 말갈 부족들을 흡수해 만주 일대 전체가 발해의 영토가 되었답니다.

나아가 무왕은 영토가 넓어진 만큼 보다 효과적인 통치를 위해 도읍을 동모산에서 중경 현덕부로 옮겼어요. 건국한 지 불과 30여 년 만에 옛 고구려와 견주어도 뒤지지 않을 만큼 엄청난 영토와 탄탄한 국력을 갖추게 된 거예요.

서연이는 자료를 정리하면서 발해가 그 어떤 나라보다 짧은 기간에 강대국이 되었다는 생각을 했어요. 나아가 그런 저력이 대대로 이어져 내려와 한국전쟁 이후 세계에서 가장 빈곤했던 대한민국이 손꼽이는 경제 대국으로 성장하지 않았을까 하는 생각도 들었고요.

외삼촌의 이야기가 계속되었어요.

"발해가 비약적으로 성장하자 주변의 여러 나라들은 긴장하지 않을 수 없었어. 특히 흑룡강 부근에 자리를 잡고 있던 흑수부 말갈의 경우 불안감을 떨치지 못해 당나라에 사신을 보내 발해를 함께 견제하자고 제안했단다. 당나라 역시 발해에 위협을 느끼고 있던 터라 마다할 이유

가 없었지."

　은서 언니가 혼잣말을 중얼거렸어요.

　"발해가 서쪽의 당나라, 북쪽에는 흑수부 말갈, 그리고 남쪽으로는 신라한테 포위되어 버렸네. 마지막 남은 동쪽은 바다니까……."

　"무왕 대무예도 은서랑 같은 생각을 했었던 모양이야. 그래서 자신의 동생 대문예에게 군대를 주며 흑수부 말갈을 공격하라는 왕명을 내렸어."

　"북쪽 국경을 맞대고 있는 흑수부 말갈을 멀리 쫓아 보낼 수 있게 되어 그나마 다행이네요. 당나라 하나를 상대하는 것만으로도 발해는 충분히 벅찰 테니까요."

"하지만 대문예는 왕명을 따르지 않았단다."

"예?"

"대문예는 아버지 대조영이 살아있을 때 당나라에 가서 숙위를 했던 경험이 있었어. 그 누구보다 당나라의 힘을 잘 알고 있었던 대문예는 직접적인 무력 충돌보다는 외교를 통한 관계 개선을 주장했지."

재윤이가 물었어요.

"숙위가 뭐예요?"

"숙위란 황제를 호위하는 의장대를 말해. 그런데 당나라는 주변에 있는 나라의 왕자들을 불러들여 그 역할을 하게 했단다. 물론 형식적인 임무에 불과했지. 어쨌든 당나라 입장에서는 볼모를 잡고 있는 셈이어서 안심이 되었고, 주변국 입장에서는 당나라의 사정을 정확하게 파악할 수 있기 때문에 거부할 이유가 없었어."

왕명을 거역하다니 대문예, 큰일났네!

"참, 왕명을 거부한 대문예는 어떻게 되었어요?"

"무왕 대무예가 크게 분노하자 목숨에 위협을 느낀 대문예는 당나라로 망명(726년)하고 말았어. 그때부터 발해와 당나라는 대문예의 송환 문제를 놓고 마찰이 더욱 심해질 수밖에 없었지."

"왜 하필이면 당나라로 도망을 갔대요?"

"그러게 말이다. 발해 무왕은 곧바로 당나라에

사신을 보내 대문예를 발해로 송환하거나 처벌할 것을 요구했어. 그러자 당나라는 대문예를 먼 산간벽지로 유배를 보냈으니 그 문제는 더 이상 거론하지 말라고 통보했단다. 하지만 머지않아 당나라의 거짓은 탄로 나고 말았고, 발해 무왕은 또 사신을 보내 당나라의 그릇된 처사를 크게 비난했단다."

서연이는 그 다음 상황을 떠올려 보았어요. 많은 시간을 투자해 꼼꼼하게 자료를 찾아보았던 탓에 비교적 생생하게 당시의 모습을 머릿속에 그려낼 수 있었답니다.

당나라는 728년 흑수부 말갈 추장에게 당나라식 이름과 함께 운휘장군 겸 흑수경략사라는 벼슬을 하사했어요. 두 세력 간에 보다 더 밀접한 관계를 형성하고 협조 체제를 더욱 강화하려는 움직임을 보인 것이지요.

이에 무왕 대무예는 732년 9월, 장군 장문휴에게 병력을 주어 등주를 공격하게 하고, 733년에는 거란과 손을 잡고 하북 지방을 공격했어요. 하지만 당나라의 철저한 방어로 큰 성과를 내지는 못했지요.

한편, 당나라는 신라를 부추겨 발해 남쪽 국경을 공격하게 했어요. 하지만 발해는 어렵지 않게 신라의 공격을 막아 내고, 발해와 당나라의 전쟁은 더 이상 확대되지 않은 채 끝났어요. 그리고 735년 발해가 당나라에 사신을 보내 등주와 하북 지역 공격에 대한 사과를 하면서 국교를 복원했답니다.

발해를 건국한 대조영의 아버지 걸걸중상

걸걸중상은 고구려의 장수였어요. 고구려가 멸망한 이후에는 고구려 부흥을 위해 지도자로 활약했으며, 훗날 그의 아들인 대조영이 발해를 건국하면서 왕으로 추존되었습니다.

당나라를 상대로 항쟁을 할 당시 말갈족 지도자 걸사비우와 동맹을 맺어 효과적인 대응을 했고, 훗날 측천무후에 의해 진국공에 봉작되었으나 거절했어요. 나아가 발해 건국에 결정적인 역할을 했지만, 끝내 건국을 보지 못한 채 세상을 떠나고 말았답니다.

한편, 걸걸중상이 누구인가에 대해서는 상당한 논란이 있답니다. 《구당서》에 걸걸중상의 이름이 전혀 언급되지 않는다는 이유로 일부에서는 대조영과 걸걸중상을 같은 인물로 보고 있어요. 걸걸중상은 토속어로 된 본래의 이름이고, 대조영은 뒤에 한자로 지은 이름이라는 것이지요.

하지만 송나라 때 편찬한 《오대회요》와 《신당서》에는 처음에 걸걸중상과 걸사비우가 고구려인과 말갈족을 이끌다가 나중에 대조영이 물

려받은 것으로 기록되어 있어요. 그래서 걸걸중상은 우리가 알고 있는 것처럼 대조영의 아버지일 가능성이 더 높답니다.

《오대회요》는 835년 사신으로 발해를 방문해 1년 동안 머물렀던 당나라의 학자 장건장의 《발해국기》를 참조한 것으로 알려져 있어요. 그래서 당시 발해의 상황과 발해인들의 인식을 반영하고 있는 사료로서의 가치가 크게 인정되고 있습니다.

동북아시아의 절대 강국으로 우뚝 선 발해

발해의 두 번째 임금 무왕 대무예가 737년 세상을 떠났어요. 당나라와 대립각을 세우며 끊임없이 영토를 넓혔던 아버지의 뒤를 이어 대흠무가 3대 문왕에 올랐지요.

문왕은 737년 보위에 오른 이후 아버지 무왕처럼 나라의 운명을 전쟁에 걸지 않았어요. 그 대신 내부적인 정치 안정과 백성들의 생활 향상, 그리고 문화 발전에 많은 노력을 기울였지요.

문왕은 또한 총 228년 발해 역사 중 약 1/4에 해당하는 56년 동안 보위를 지킨 왕이었어요. 따라서 문왕의 치세 기간을 제외하면 발해 역사를 이야기할 수 없을 정도로 중요한 인물이지요.

꽤 오랫동안 다스렸네.

문왕 56년

　자료를 정리하면서 서연이는 영토 전쟁에 치중했던 무왕보다는 내치內治에 관심을 기울인 문왕에게 친근감이 느껴졌어요. 하지만 한 나라의 임금이란 당시의 상황에 따라 국익에 보탬이 되는 선택을 해야 했을 것이기 때문에, 개인적인 느낌으로 역사 속 인물을 판단하는 것은 옳지 않다는 생각을 하기도 했지요.

　그렇다고 문왕이 영토 확장에 전혀 신경을 쓰지 않은 것도 아니었어요. 동북쪽 국경 밖 말갈족을 정벌한 뒤 그곳에 관리를 파견하기도 했고, 일본에 보낸 친서에 사위의 나라 정도로 표현해 반발을 사기도 했답니다.

　외삼촌의 이야기가 시작되었어요.

　"아버지의 뒤를 이어 발해의 임금이 된 문왕은 반드시 해결해야 할 두 가지 문제를 안고 있었어. 그중 하나는 나라의 영토는 넓지만 황무

지가 많다는 점이었지. 겨울이 긴 탓에 땅이 얼어붙어 농사를 짓기가 어려워 대부분의 백성들은 가축을 기르거나 사냥을 할 수밖에 없었어. 그래서 발해는 늘 식량 부족에 시달렸던 거야."

은서 언니가 질문했어요.

"무역으로 식량을 구할 수 있지 않았나요?"

"오늘날처럼 곡식 수확량이 많고, 교통이나 운송이 발달한 상태였다면 가능했겠지. 하지만 그 당시는 어느 나라든 농작물 수확량이 적었을 뿐만 아니라, 쌀이나 보리 등 곡식을 구입했다고 하더라도 달구지에 싣고 수천 리 길을 옮겨야 하잖아. 그러니 결코 쉬운 일은 아니지. 게다가 곡창 지대를 갖고 있는 당나라하고는 늘 으르렁거리고 있었으니, 식량 문제를 걱정할 수밖에 없었던 거야."

은서 언니가 고개를 끄덕이며 다시 물었어요.

"또 다른 문제는 뭔데요?"

"나머지 하나는 백성들의 통합 문제였어. 발해를 이끌어 가는 중추 세력은 고구려의 후예들이었지만, 백성들은 한민족을 비롯해 말갈족과 거란족 등 다양한 종족이 뒤섞여 있었지. 따라서 종족 간의 갈등 없이 모두 다 발해의 백성이라는 생각과 함께, 하나로 뭉치게 하는 방법을 찾아야만 하는 숙제를 안고 있었단다."

"그러니까 발해의 세 번째 임금 문왕은 나라의 위기가 외부적인 요인이 아닌, 식량이나 종족 문제 등 내부 갈등 때문에 시작될 가능성이 높다고 판단했던 거네요?"

"바로 그거야. 그래서 문왕은 당나라와 힘 대결을 펼쳤던 아버지 무왕과는 달리 친선 관계를 맺었지. 나아가 당나라의 선진 문물을 받아들이면서 내부를 안정시키는 데 주력했어. 그리고 756년에는 도읍을 중경 현덕부에서 상경 용천부로 옮겼는데, 새로운 도읍지는 만주에 터를 잡고 사는 여러 부족들이 서로 물자를 교류하는 중심지였단다."

서연이는 전쟁 대신 화친을 선택한 문왕이 현명한 군주였다는 생각을 했어요. 주변국들

과의 관계를 개선하고, 도읍을 옮긴 이후에는 발해의 농업 생산량과 인구가 크게 늘어났어요. 또한 상경 용천부를 중심으로 전국을 연결하는 교통로를 마련하는 한편, 대외 무역에 공을 들여 부족한 물자를 조달함으로써 거듭되던 식량 부족 현상을 상당 부분 해소했으니까요.

외삼촌의 이야기가 이어졌어요.

"그런데 793년 문왕이 세상을 떠난 이후 발해 왕실은 혼란의 소용돌이 속으로 빠지고 말았어. 793년부터 818년까지 25년 동안 무려 여섯 명의 임금이 바뀌었던 거야. 그 가운데 16년 동안 왕위를 유지했던 6대 임금 강왕을 제외하면 평균 재위 기간이 2년을 넘지 않을 정도였지."

재윤이가 물었어요.

"왜 그렇게 임금이 자주 바뀌었던 거예요?"

"유감스럽게도 발해의 역사에 대한 기록이 많지 않아 그 확실한 이유가 밝혀지지는 않았단다. 다만 왕위 계승과 관련된 내부 갈등 때문에 그런 일이 벌어지지 않았을까 하고 짐작할 뿐이지."

서연이도 그 부분이 궁금해 질문을 할 생각이었어요. 자료를 찾다 보니 문왕의 동생이었던 4대 폐왕 대원의는 793년, 문왕의 손자인 5대 성왕은 793~794년, 그러다 성왕의 동생인 6대 강왕의 경우는 794년부터 809년까지 16년 동안 왕위를 지켰어요.

하지만 그 이후 강왕의 세 아들이었던 7대 정왕이 809~812년, 8대 희왕은 812~817년, 9대 간왕은 817~818년 등으로 하나같이 재위 기간이 짧았어요. 게다가 발해를 건국했던 대조영의 후손으로는 9대 간왕이 마지막이었지요.

하지만 자료 부족으로 그 까닭을 알 수가 없다고 하니, 그 부분에 대해서는 결국 궁금증으로 남겨둘 수밖에 없게 되었네요.

외삼촌의 설명이 계속되었어요.

"9대 간왕의 뒤를 이어, 818년 선왕 대인수가 발해의 열 번째 임금이 되었어. 그런데 10대 임금 선왕은 대조영의 동생이었던 대야발의 4세손이었단다. 그러니까 항렬은 6대 강왕과 같지만 왕실의 먼 친척에 불과한 인물이었지."

재윤이가 또 물었어요.

"그런데 어떻게 임금이 될 수 있었대요?"

"선왕이 등극한 과정 역시 수수께끼야. 다만 임금이 자주 바뀌는 혼란스러운 상황 속에서 끝까지 살아남았으며, 왕위를 계승해 왔던 적통嫡統과는 무려 16촌이나 되는 먼 친척이 왕위를 차지한 것으로 미루어 대단히 노련한 정치가였을 것이라고 추측할 뿐이란다."

"그렇다면 선왕은 오랫동안 임금을 했어요?"

"재위 기간이 818년부터 830년까지니까 그다지 오래라고 말할 수는 없겠지. 하지만 선왕은 발해를 당나라 사람들이 해동성국이라고 부르게 만든

이렇게 깊은 뜻이!

해동성국

대단한 임금이었어."

"해동성국은 또 뭐예요?"

"해동성국海東盛國이라는 한자를 그대로 풀이하자면 '바다 동쪽에 있는 강성한 나라'라는 뜻이야. 그러니까 해동성국이라는 호칭은 그 당시 당나라 사람들이 발해를 어떻게 인식하고 있었는지 명확하게 증명해 주는 말이라고 할 수 있지."

"아, 그렇구나!"

재윤이가 고개를 끄덕였어요.

"선왕은 보위에 오르면서 연호를 건흥建興이라고 정했어. 모든 것을

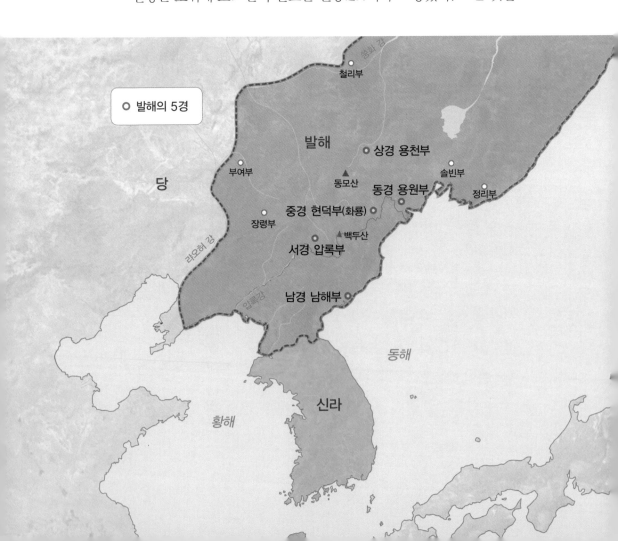

새롭고 활기차게 바꾸어 놓겠다는 임금의 의지가 연호를 통해 드러난 거야. 나아가 그는 곧바로 정복 활동을 시작했는데, 북으로는 흑수부 말갈을 제외한 대부분의 말갈족을 흡수해 연해주를 지배권 영토에 편입시켰어. 그리고 서쪽으로는 당나라 관리들을 쫓아낸 뒤 요동 지역을 완전히 장악했고, 남으로는 옛 고구려 땅이었던 대동강 이북 지역까지 차지해 거대한 제국으로 거듭났단다."

"엉뚱한 사람이 임금이 되어 대단한 일을 했네요?"

"그뿐만이 아니라 선왕은 나라의 경제 발전을 위해 주변의 여러 나라에 사절단을 파견하는 등 적극적인 외교 활동을 주도하면서 무역을 활성화시켰어. 그가 발해 임금으로 있었던 13년 동안 바다 건너 일본에 5차례에 걸쳐 사신을 파견할 정도였으니, 육로로 오갈 수 있는 당나라나 신라와의 교역은 두말할 나위가 없다고 할 수 있겠지."

그 당시 발해와 가장 많은 교역을 한 나라는 당나라였어요. 산둥 반도 덩저우(등주)에 사신들이 편하게 묵을 수 있는 여관 '발해관'을 두고 활동을 할 정도였으니까요. 물론 그 옆에는 '신라관'도 있었답니다. 당나라의 선진 문물을 받아들이기 위한 발해와 신라의 경쟁도 꽤 치열했다고 해요.

서연이는 선왕에 대한 기록이 어딘가에 남아 있다면 참 좋겠다는 생각을 했어요. 왕실의 먼 친척이었던 그가 임금이 되어 극도로 혼란스러웠던 내부 갈등을 잠재우고, 영토 확장은 물론 모든 면에서 나라를 발전시킨 과정이 무척 궁금했던 것이지요.

발해의 역사책 《발해고》를 저술한 조선의 학자 유득공

《발해고》는 조선 정조 8년(1784), 연암 박지원의 제자 유득공이 쓴 발해의 역사책입니다. 《발해고》는 서문을 포함해 9개 부문으로 이루어져 있어요.

역대 임금에 대해 기술해 놓은 군고君考, 주요 신하와 학자 등을 다룬 열전인 신고臣考, 품계에 따른 복식 등을 기록한 의장고儀章考, 각 지방의 특산품을 정리한 물산고物産考 등등 발해의 모든 것을 정리해 놓았지요.

《발해고》를 쓴 유득공은 고려가 발해 역사를 정리하지 않은 것에 대해 강력한 비판을 했어요. 의지만 있었다면 나라가 멸망한 후 고려에 망명한 발해 유민 십여만 명을 통해 충분히 쓸 수 있었다는 것이지요. 나아가 유득공은 발해가 멸망한 지 수백 년이 지났기 때문에 제대로 된 자료를 찾을 수 없음을 한탄하면서 《신당서》와 《구당서》를 비롯한 중국 책 17종과 《삼국사기》, 《고려사》, 《동국통감》 등 우리 도서 3권, 그리고 《속일본기》와 《일본일사》 등 22권을 참고해 《발해고》를 썼다

고 밝혀 놓았어요.

유득공의《발해고》가 나오기 전까지만 해도 발해를 우리 역사로 여기는 사람은 거의 없었답니다. 그런데《발해고》와 함께 발해를 우리 역사로 편입하려는 시도가 나타나기 시작했어요. 유득공의 의식이 후학이었던 정약용이나 김정호 등에게 영향을 끼친 것이지요.

유득공은《발해고》서문을 통해 '발해가 고구려의 후계자임을 분명히 밝혔으므로 우리 민족사의 범주에 넣어야 한다. 그런데 고려가 발해 역사에 대해 손을 놓고 있었기 때문에 그 땅을 차지하고 있는 여진이나 거란에게 우리 영토라는 주장을 할 수 없게 되었다.' 며 아쉬운 마음을 거듭 밝혀 놓았답니다.

주변 나라들과는 사뭇 다른 발해의 통치 체제

발해는 고구려 유민과 말갈족을 중심으로 다양한 소수 민족이 포함된 나라였어요. 한마디로 말하자면 다민족 국가였던 것이지요. 다만 왕족을 비롯해 나라를 이끌어 나가는 지배층은 대부분 고구려 유민 출신으로 구성되어 있었답니다.

발해는 건국 당시부터 고구려를 계승한 나라임을 분명히 밝혔어요. 나아가 발해 임금들은 줄곧 독자적인 연호를 사용해 당나라와 동등한 위치에 있음을 공식화하면서, 그 어떤 세력의 간섭도 받지 않는 자주적인 국가라는 사실을 대내외에 인식시켰어요.

서연이는 그런 발해가 자랑스러웠어요. 수나라 멸망에 결정적인 역할을 하고, 당나라를 쩔쩔매게 했던 고구려의 기상을 발해가 고스란히 이어받았다는 생각이 들었기 때문이었지요.

외삼촌의 이야기가 시작되었어요.

"발해와 관련해서 무엇보다 아쉬운 점은, 제대로 된 기록이 남아 있지 않다는 사실이야. 따라서 발해의 통치 체제 역시 정확한 파악이 불가능한 처지란다. 다만 중국 송나라 때 편찬된《신당서》의 기록에서 통치 체제 일부분을 확인할 수 있는데, 그 이외의 것들에 대해서는 발해가 언급된 단편적인 기록이나 당시의 상황을 참조해 추측하는 수밖에 없는 실정이야."

은서 언니가 물었어요.

"발해에 대한 기록은 왜 남아 있지 않게 된 걸까요?"

"그 까닭 또한 가능성을 두고 미루어 짐작해야 해. 예를 들면 발해를 전성기로 이끌었던 10대 임금 선왕 이전에는 잦은 왕권 교체, 그 이후

100여 년은 극심한 내부 분열로 사료를 정리할 여유조차 없었을 거라는 생각이야."

"또 다른 가능성은요?"

"백두산 화산 폭발로 인해 모든 역사 자료가 소실되었을 가능성도 상당히 높은 것으로 여겨지고 있단다."

백두산 폭발이라는 말에 깜짝 놀란 재윤이가 물었어요.

"백두산이 폭발했다고요?"

이번에는 서연이가 나섰어요. 꼼꼼하게 자료를 찾아보았기 때문에 재윤이의 궁금증을 충분히 해결해 줄 수 있다는 생각이 들었던 거예요.

왜 기록이 별로 없지?

"지금으로부터 1100여 년 전, 백두산에서 매우 충격적인 화산 폭발이 일어났어. '폼페이 최후의 날'로 널리 알려진 79년 이탈리아 베수비오 화산보다 50배나 더 강력한 규모의 화산이 폭발한 거야. 그런데 기록이 남아 있지 않기 때문에 화산이 언제 폭발했는지 정확한 날짜는 알 수가 없어. 그래서 첨단 과학 장비를 이용해 조사를 해 보았는데, 폭발 시점은 대략 930년에서 940년 사이였던 것으로 밝혀졌지."

재윤이가 침을 꼴깍 삼키며 말했어요.

"우와! 우리 누나, 대단하다!"

서연이의 어깨가 으쓱 올라갔어요. 재윤이의 눈빛에 며칠 전 은서 언니를 향하던 것과 같은 존경심이 가득 들어 있었기 때문이었지요.

"여기에서 문제는 발해가 926년에 멸망했다는 사실이야. 게다가 거란족이 세운 요나라의 역사서 《요사》에는 '민심 이반(백성들의 마음이 떠나서 배반을 함) 때문에 별다른 저항 없이 발해를 정복할 수 있었다.'고 기록하고 있어. 그런데 옛 고구려 영토 대부분을 차지하고 있던 해동성국 발해가 모래성처럼 쉽게 무너질 리는 없잖아? 그렇다면 첨단 장비를 이용해 계산한 백두산 화산 폭발 시기에 약간의 편차가 있었거나, 대규모 폭발 이전에 몇 차례의 예고 폭발이 있었는데 그 규모 또한 어마어마한 것이어서 발해 영토를 충분히 초토화시킬 수 있었을 것이라는 생각도 해 볼 수 있지 않겠니?"

외삼촌이 짝짝짝 박수를 쳤어요. 은서 언니 역시 엄지손가락을 치켜세워 보이며 칭찬의 몸짓을 보여 주었고요. 약간 민망하다는 생각이 들기는 했지만, 서연이의 기분은 최고였지요.

잠시 후, 외삼촌의 설명이 계속되었어요.

"어쨌든 발해의 통치 체제는 건국과 함께 기본적인 틀을 잡은 후, 영토가 넓어지고 국력이 크게 향상되면서 꾸준히 보완되었어. 특히 3대 문왕 때 크게 정비를 했고, 10대 선왕 때에 이르러 통치 체제가 완성된 것으로 알려져 있지. 그리고 발해의 통치 조직은 당나라의 3성 6부 제도를 참고해 내부 환경에 알맞게 변형시킨 독자적인 형태를 갖추고 있었단다."

발해의 중앙 통치 조직은 3성 6부로 이루어져 있었어요. 왕 아래 정당성·선조성·중대성 등 3성을 두었는데, 정당성은 중요한 나랏일을 결정하는 고위 관리들의 합의 기구였지요.

정당성의 수장인 대내상은 오늘날의 국무총리와 같은 역할을 했어요. 또한 정당성의 하부 조직으로 충부·인부·의부·지부·예부·신부 등 6부를 두어 각 분야의 업무를 총괄하게 했답니다.

그리고 선조성은 왕의 정치적 자문 역할과 함께 신하들의 의견을 왕에게 전달하는 일을 했으며, 중대성은 앞으로 나라를 어떻게 운영할 것인지를 결정하는 정책 수립이 주요 업무였어요.

한편, 3성의 하부 조직으로 편입되지 않고 왕의 직속기관으로 운영되었던 3개의 조직이 있었어요. 관리들을 감찰하는 중정대, 서적이나

외교문서를 관리하는 문적원, 나라의 최고 교육기관 주자감 등이 바로 그것이지요.

자료를 찾아 정리하기는 했지만, 서연이는 사실 나라의 통치 기구나 역할에 대해서는 그다지 흥미를 느낄 수가 없었어요. 조직의 이름이 어려워 이해가 쉽지 않을 뿐만 아니라, 각각의 역할 또한 명확하게 와 닿지 않았기 때문이었지요.

외삼촌의 이야기가 이어졌어요.

"발해의 지방 행정 조직은 5경 15부 62주로 운영되었어. 중경 현덕부·상경 용천부·동경 용원부·서경 압록부·남경 남해부 등 5경은 나라에서 정한 특별 행정 구역으로, 중앙 정부가 지방을 효과적으로 다스리는 다리 역할을 했지. 그리고 15부는 각각의 지방 행정 중심지로, 오래 전부터 그곳에 살고 있던 부족들의 특성을 존중하면서 운영해 나갔어."

재윤이가 군대에 대한 질문을 했어요.

"발해가 여러 차례의 정복 전쟁으로 영토를 넓혔다고 했잖아요. 그렇다면 병사들을 어떤 방법으로 모집했고, 군대는 어떤 방법으로 운영했던 거예요?"

늘 그렇듯, 재윤이다운 질문이었어요.

외삼촌 역시 흔쾌히 대답해 주었지요.

"군사 업무는 정당성의 하부 조직인 지부에서 담당했단다. 군사를 양성하고 역참을 관리했으며, 군사 지도나 무기 관리 등을 도맡아서 관장했지. 그런데 유감스럽게도 군사 제도에 대한 기록 또한 많지 않아서 정확하게 밝혀지지는 않았어. 다만 왕실과 궁중을 지키는 중앙군으로는 10위가 있었는데, 각 위마다 대장군 1명과 장군 1명이 지휘했던 것으로 알려져 있어."

"그렇다면 지방은 어떻게 지켰대요?"

"지방의 62주에 소속되어 있는 촌락은 토착 세력 출신의 촌장이 다

스렸어. 그런데 위급한 사태가 벌어지면 촌장은 지휘관이 되었고, 촌락 백성들은 병사가 되어 마을을 지켰지. 그리고 발해 역시 다른 나라들처럼 젊은 남자들에게 군역을 지게 했는데, 그들을 훈련시켜 영토 확장 전쟁에 나섰던 것이 아닌가 하고 추측하고 있단다.”

여하튼 발해는 수수께끼에 둘러싸인 나라입니다. 발해에 대해 깊이 있게 알고 싶어도 보존된 사료가 없으니 그저 답답할 뿐이지요. 서연이는 옛 발해 영토 어딘가에서 발해의 역사를 한눈에 알아볼 수 있는 유물이 거짓말처럼 발견되어 1천 년이 넘도록 풀리지 않은 수수께끼가 단번에 풀렸으면 좋겠다는 생각을 했어요.

발해의 3대 임금 문왕의 두 딸, 정혜 공주와 정효 공주의 무덤

1949년, 중국 길림성 돈화현 육정산 고분군에서 발해의 3대 임금 문왕의 둘째 딸 정혜 공주의 무덤이 발견되었어요. 무덤 앞에는 높이가 90cm의 화강암 묘비가 세워져 있었는데, 거기에는 21행 725자의 비문이 새겨져 있었습니다.

그 내용을 살펴보면 '문왕의 둘째 딸로 태어나 출가했는데 남편이 먼저 죽었고, 정혜 공주는 777년 4월 14일에 죽었다. 나이는 40세였고 정혜 공주라는 시호를 받았다.'고 밝히고 있어요.

발해 돌사자상(정혜 공주 묘에서 출토)

한편, 1980년 10월에는 중국 길림성 화룡 용해 고분군에서 문왕의 넷째 딸 정효 공주의 무덤이 발견되었어요. 발굴 당시 무덤 안에서 묘지墓誌(죽은 사람의 이름, 신분, 행적 등을 돌판에 새겨 관과 함께 묻는 기록)를 발견해 정효 공주의 생애가 밝혀졌습니다.

묘지의 내용을 살펴보면 '문왕의 넷째 딸

로, 스승의 가르침을 받아 시서에 능했다. 용모가 빼어나고 총명했으며, 품성이 우아했다. 훌륭한 배필을 맞아 혼인했는데 남편과 어린 딸이 일찍 죽자 수절하다가 792년 6월 9일, 36세의 나이로 죽었다.'라고 기록하고 있어요.

발해에 대한 사료가 거의 남아 있지 않은 상황에서 다행히 두 공주의 무덤과 함께 비문과 묘지가 발견되어, 당시 발해의 모습을 단편적으로나마 짐작할 수 있게 되었답니다.

저 벽화를 통해 발해인의 외모와 생활 모습을 알 수 있었구나!

정효 공주 묘

관을 두는 곳

묘비

3

불교에
뿌리를 둔
남북국의 문화

5

따로 또 같이 성장한
신라와 발해의 문화

●

중·고등학교 교과서 관련 단원

• 중등 역사 교과서 :
〈단원 3-3 남북국의 문화와 대외 교류〉

• 고등 한국사 교과서 :
〈단원 1-6 동아시아 여러 나라와 교류하다〉

정성을 다해 불교를 숭상했던 나라 신라

당나라와 손을 잡은 신라는 무려 700여 년 동안 경쟁 관계를 유지해 왔던 백제와 고구려를 병합했어요. 그리고 나·당 전쟁을 통해 한반도를 통째로 지배하려 들었던 당나라 세력을 몰아냈지요.

하지만 확장된 신라의 영토는 대동강 유역에서 원산만을 잇는 한반도 중남부 지역이 전부였어요. 옛 고구려 땅 대부분을 당나라가 차지해 버렸기 때문에 완전한 통일을 이루지는 못했던 거예요.

고구려가 멸망한 지 30년 후, 고구려 유민 출신 대조영이 동모산에 자리를 잡고 발해를 건국했어요. 나아가 발해는 짧은 기간 동안 비약적인 성장을 거듭해 옛 고구려 영토 대부분을 되찾게 됩니다.

그 이후 동북아시아는 더 이상 전쟁의 소용돌이에 휩쓸리지 않았어요. 당나라와 발해, 그리고 신라 등 세 나라 사이에 힘의 균형이 이루어져 평화로운 시기를 맞이하게 된 거예요.

당나라와 발해에 비해 신라는 상대적으로 약소국이었어요. 하지만 신라가 어느 편에 서느냐에 따라 당나라와 발해의 입장은 완전히 뒤바뀔 수 있었지요. 이처럼 동북아시아 세력 판도의 열쇠를 신라가 쥐고 있었기 때문에 세 나라가 공존할 수 있었답니다.

이제 신라와 발해, 즉 남북국 시대의 문화에 대해 알아보는 시간이 되었어요. 평소보다 더 많은 준비로 지난 시간 칭찬을 받았던 서연이는 편안한 마음으로 삼촌의 이야기에 귀를 기울였어요.

"오랜 세월 동안 제각각 발전해 왔던 고구려·백제·신라는 통일과 함께 공동 운명체가 되었어. 나라가 하나로 합해졌으니 더 이상 전쟁

걱정을 할 필요가 없었지. 하지만 통일 신라는 반드시 해결해야 할 숙제 또한 갖고 있었단다."

은서 언니가 기다렸다는 듯 말했어요.

"옛 고구려와 백제 지역 백성들의 마음을 달래 주는 일이었겠지요? 모두들 나라를 잃었다는 허탈감에 빠져있었을 테니까요."

"옳은 얘기야. 그래서 신라는 고구려와 백제의 문화를 수용해 이질감을 줄여 나갔어. 또한 당나라의 선진 문물까지 받아들여 우리 한민족의 문화적 기틀을 마련했지. 나아가 백성들이 마음의 안식처로 삼고 있었던 불교를 적극 활용해 민심을 다독였어."

"그 당시 이름 높은 고승들이 많이 나왔던 것도 그런 정치적인 상황

이 큰 역할을 했던 거네요?"

"불교를 전파하기 위해 나라에서 정책적인 뒷받침을 해 주었으니 그렇게 생각할 수도 있지. 오직 그 이유만으로 고승이 배출되었다고 결론지을 수는 없겠지만 말이다."

외삼촌의 얘기 끝에 재윤이가 질문했어요.

"어떤 스님들이 있었던 거예요?"

"원효나 의상을 비롯한 여러 고승들이 있었단다. 당나라 유학길에 올랐다가 해골에 담긴 물을 마신 뒤 깨달음을 얻어 되돌아온 원효는 언제 어디서든 '부처의 가르침을 가슴 깊이 담아 실천에 옮기는 생활을 하면 누구나 극락에 갈 수 있다.'고 강조해 왕실과 귀족 중심의 불교를

일반 백성들에게 널리 전파하는 데 절대적인 역할을 했지."

"의상은 어떤 스님이에요?"

재윤이의 거듭된 질문에 은서 언니가 입을 열었어요.

"의상대사에 대해서는 내가 설명해 줄게."

서연이는 모르는 것이 없는 것만 같은 은서 언니를 부러운 시선으로 바라보았어요. 재윤이 역시 까만 눈동자를 유난히 반짝이며 집중하는 모습을 보이고 있었고요.

"의상은 650년 원효와 함께 유학길에 올랐어. 그런데 중간에 원효가 돌아가는 바람에 의상 혼자 당나라로 향했지. 하지만 요동에 도착한 의상은 억울하게도 당나라를 염탐하려는 첩자로 몰려 되돌아올 수밖에

없었어. 그로부터 11년이 지난 661년, 의상은 당나라 사신을 따라 다시 유학길에 올랐어. 그리고 중국 화엄종 2대 조사^{祖師}인 지엄 스님의 제자가 되어 10년 동안 화엄 사상을 배운 뒤 신라로 돌아왔지. 그 이후 의상대사는 제자를 양성하면서 전국 곳곳에 절을 세웠는데, 그중에서 부석사 · 해인사 · 범어사 · 갑사 등은 지금까지 큰 절로 남아 있어. 아! 그리고 의상대사의 제자인 표훈 스님에게 화엄 사상을 배운 김대성이 화엄 사상을 표현하기 위해 세운 것이 불국사와 석굴암인 것으로 알려져 있어."

재윤이가 고개를 끄덕였어요. 하지만 서연이는 고개를 갸웃거렸어요. 은서 언니 설명 중 '화엄 사상'이 무엇인지 알지 못했던 까닭이지요.

"그런데 언니, 화엄 사상이 뭐야?"

그 순간, 은서 언니의 얼굴에 당혹스러움이 스쳐 지나갔어요. 그와

딱 걸렸어!

동시에 재윤이의 입가에는 정체를 알 수 없는 미소가 걸려 있었지요.

"으응? 화, 화엄 사상……?"

"응, 화엄사라는 절 이름은 들어 본 듯한데, 의상대사가 당나라에서 배워 왔다는 화엄 사상이 뭔지 전혀 모르겠어."

"으음, 그러니까……."

은서 언니 역시 거기까지는 예습이 되어 있지 않은 모양이었어요. 그렇지 않고서야 말을 우물거릴 사람이 아니었으니까요. 이상한 표정을 짓고 있던 재윤이가 나선 것은 바로 그때였어요.

"흐흐! 나를 완전 무식쟁이 취급하고, 유치부 꼬맹이랑 같은 수준으로 생각하는 누나들 지식수준이 겨우 이 정도였다니……."

서연이가 발끈했어요.

"뭐라고?

"누나, 그렇게 화내지 마. 나도 알고 있는 화엄 사상에 대해 누나들이 모르니까 순간적으로 한심하다는 생각이 들어서 그만……."

"얘가 정말……!"

하지만 은서 언니는 얼굴만 붉으락푸르락할 뿐 아무 말도 없었어요. 며칠 전 나·당 전쟁 시간에 재윤이를 놀렸던 기억을 떠올리며, 이토록 처참하게 역습당할 줄은 꿈에도 예상하지 못했다는 생각을 하고 있는

168

지도 모를 일이었지요. 서연이 역시 계속 신경질을 부릴 입장은 아니었고요.

재윤이가 득의만만한 표정으로 말을 이었어요.

"누나들! 화엄 사상이라는 게 뭐냐 하면, 우주를 구성하고 있는 모든 사물이나 우주에서 일어나는 모든 일들은 서로 연결되어 있다는 사상이야. 비록 시간이나 장소가 다르다 할지라도 서로 원인이 되기도 하고 결과가 되기도 하면서 하나의 덩어리로 조화롭게 움직인다는 거지. 그래서 결국 전체는 하나이고, 하나는 곧 전체와도 같다는 말이야."

"흐음……!"

서연이는 괜히 밭은기침을 했어요. 맞은편에 앉은 은서 언니는 어느새 퀭해진 두 눈만 연신 끔벅이고 있었지요. 그 사이 재윤이의 이야기가 계속되었어요.

"그래서 나는 화엄 사상을 '이 세상에 특별히 잘난 사람은 없다. 서로 의존하고 돕지 않으면 살 수 없는 것이 세상이다. 또한 죄를 지으면 벌을 받고, 착한 일을 하면 상을 받는다. 이승에서 못 받으면 죽은 뒤 극락에 가서라도 반드시 받게 될 것이다. 그러므로 주변 사람들과 함께 도와 가면서 사이좋게, 그리고 착하게 사는 것이 좋다.'는 주장이라고 이해했는데, 누나들 생각은 어떤지 모르겠네."

은서 언니가 나지막한 신음을 토해 냈어요.

"끄응!"

그리고 잠시 후, 정색을 하고 말했어요.

"재윤아, 누나가 지난번에 널 꼬마 취급했던 거 정식으로 사과할게. 앞으로 구연동화 행사가 있을 때는 미리 얘기해줄 테니, 우리 이제 그만 화해하자."

"알았어. 누나가 그렇게 나오니까 내가 오히려 미안해지잖아! 그리고 오늘 비록 복수는 했지만, 내가 은서 누나 무지 존경하고 있는 거 알지?"

재윤이의 느닷없는 하트 총 발사에 은서 언니가 배시시 웃으면서 분위기가 예전으로 돌아왔어요. 그런데 서연이는 궁금했어요. 재윤이가 어떻게 화엄 사상에 대해 그토록 자세히 알고 있었는지 말이에요. 평상시의 재윤이는 절대 그런 것에 궁금증을 가질 아이가 아니었거든요.

"그런데, 재윤아!"

서연이의 말이 채 끝나기도 전에 재윤이가 대답했어요.

"틈만 나면 전쟁 게임이나 하는 녀석이 어떻게 화엄 사상에 대해 알고 있냐고? 누난 지금 그게 궁금한 거지?"

서연이는 고개를 끄덕이지 않을 수 없

었어요.

"응."

"앞으로 무식쟁이 취급하지 않는다고 약속해. 그럼 알려 줄게."

서연이는 자신이 지금 재윤이의 꼼수에 또 넘어가고 있다는 사실을 알고 있었어요. 하지만 당장의 궁금증이 더 중요했지요.

"알았어. 앞으로 무시하지 않겠다고 약속할게."

서연이는 재윤이가 원하는 대로 손을 내밀어 손가락을 걸고, 지장을 찍고, 복사까지 해 주었어요. 그 다음에야 녀석의 이야기를 들을 수 있었지요.

"아까 저녁 준비 때문에 누나 둘이 이모 심부름 갔었잖아."

"응, 그래. 야채 사왔잖아."

"그때 은서 누나가 정리해 둔 자료들을 잠깐 읽어봤어. 그런데 이상하게 화엄 사상이라는 단어가 눈에 확 띄는 거야. 게다가 그 말이 무슨 뜻인지 궁금하더라고. 그래서 누나들 돌아올 때까지 검색을 했고, 조금 전에 얘기했던 것처럼 이해를 한 거야. 그런데 화엄 사상이라는 게 정말 대단하긴 한 거 같아."

"뭐가 대단해?"

"난 그저 무슨 말인지 알고 싶어서 검색을 해 본건데, 하나밖에 없는 동생 골려먹기 좋아하는 두 누나 콧대를 납작하게 해 줬잖아! 원인은 반드시 결과를 낳아 조화를 이룬다는 화엄 사상이란 이처럼 실생활에서 언제든 증명이 가능한 사상이니 대단한 거 아니야?"

"요 녀석을 그냥……!"

서연이의 꿀밤 때리려는 서늉에 재윤이가 재빨리 외삼촌 뒤로 몸을 숨겼어요. 그리고 엉덩이를 요리조리 삐죽거리며 재롱을 떠는 바람에 한바탕 웃음꽃이 피었답니다.

잠시 후, 외삼촌이 정리를 해 주었어요.

"재윤이가 설명을 아주 잘했어. 아무리 어렵고 깊은 학문이나 사상도 재윤이가 금방 얘기했던 것처럼 수준과 현실에 맞게 이해하는 것이 무엇보다 중요한 거야. 참, 신라의 왕실과 귀족들은 불교의 그러한 화엄 사상과 윤회 사상을 이용해 백성들의 불만을 잠재우는 한편, 자신들의 호화로운 삶을 정당화시켰어."

화엄 사상 윤회 사상

왕실과 귀족들은 이런 사상들로 자신들을 정당화했어.

"어떻게 이용했는데요?"

"화엄의 하나는 전체이고 전체는 하나라는 사상은 삼국 통일의 당위성을 뒷받침해 주었어. 그리고 윤회 사상으로 보면 오늘의 삶은 과거의 삶에 대한 결과물이자 미래에 다가올 삶의 원인이 될 것이므로 귀족들의 흥청망청한 생활을 비난할 이유가 없었던 거지."

서연이는 예나 지금이나 높은 관직에 있는 사람들은 다 똑같다는 생각을 했어요. 그것이 무엇이든 자신에게 이익이 되는 방향으로 잡아끄는 데 천부적인 능력을 발휘하는 사람들이니까요.

통일 신라는 불교가 융성한 나라였던 만큼, 불교 예술 또한 시대를 초월한 최고 수준으로 발전했어요. 그 대표적인 건축물이 불국사와 석굴암이랍니다. 서연이의 뇌리에 작년 현장학습 때 살펴보았던 경주 유적들의 모습이 하나씩 스쳐 지나갔어요.

유네스코 세계 문화유산으로 지정된 석굴암과 불국사

석굴암 ⓒRichardfabi@Wikimedia Commons

석굴암과 불국사는 통일 신라 시대인 8세기 후반에 완성된 불교 유적으로, 석굴암은 불상을 모신 석굴이고, 불국사는 사찰 건축물이에요. 경주시 동남쪽 토함산 기슭에 있는 이 두 유적은 그 당시 재상이었던 김대성에 의해 축조되었답니다.

동해를 바라보고 있는 석굴암은 화강암을 쌓아 만든 석굴인데, 한 가운데 놓인 본존불상을 중심으로 벽에는 39개의 불상이 조각되어 있어요. 석가모니가 깨달음을 얻은 순간을 완벽하게 표현하고 있는 걸작으로 평가받고 있는 석굴암은 김대성이 전생의 부모를 기리며 쌓은 것으로 알려져 있지요.

불국사 ⓒTae Hoon Kang@Flickr.com

한편, 불국사는 인공적으로 쌓은 석조 기단 위에 지어 올린 목조 건축물이에요. 불국사를 떠받치고 있는 석조 기단과 그 앞에 세워진 불국사 3층 석탑(석가탑)과 다보탑은 동북아시아 불교 예술의 최고 걸작 중 하나로 널리 알려져 있어요.

불국사 3층 석탑(석가탑)
ⓒKewp@Wikimedia Commons

불국사는 신라의 이상향인 불국토를 현세에 드러내기 위해 만든 건축물로, 김대성이 현생의 부모를 기리며 세웠다고 합니다. 그런데 불국사 3층 석탑 안에서 '무구정광대다라니경'이 나왔어요.

무구정광대다라니경은 8세기 중엽에 두루마리 형태로 만들어진 목판 인쇄본입니다. 이 경전은 1966년 10월 탑을 보수하기 위해 해체하다가 발견되었는데, 현존하는 세계 최고最古의 목판 인쇄물이랍니다. 인쇄 내용 중에서 당나라 측천무후 집권기(690~704)에만 사용되었던 무주제자武周制字가 발견되었어요. 따라서 제작 시기를 704년에서 751년 사이로 추정하고 있지요. 무구정광대다라니경은 현재 국보 126-6호로, 국립중앙박물관에 소장되어 있습니다.

고구려의 향기를 담고 있는 발해의 문화

해동성국 발해는 여러 민족이 모인 나라였어요. 나라를 이끌어 가는 왕실과 귀족은 대부분 고구려 출신이었지만, 백성들은 고구려와 말갈을 비롯해 다양한 소수 민족들로 이루어져 있었지요.

건국과 함께 고구려를 계승한 나라임을 공식적으로 밝힌 발해는 문화적인 면에서도 옛 고구려를 고스란히 이어받았어요. 그 위에 말갈족의 풍속과 당나라의 선진 문물이 더해져 발해 특유의 문화가 자리를 잡게 된 거예요.

서연이는 발해와 관련된 다양한 자료를 찾아보았지만, 문화에 대한 이해는 쉽지 않았어요. 대부분의 자료들이 정치와 국제 관계에 비중을 크게 두고 있었기 때문이었지요. 그래서 서연이는 외삼촌의 이야기에 더욱 귀를 기울였어요.

"발해는 건국 60년째 되던 해인 757년에 도읍을 상경으로 옮겼어. 3

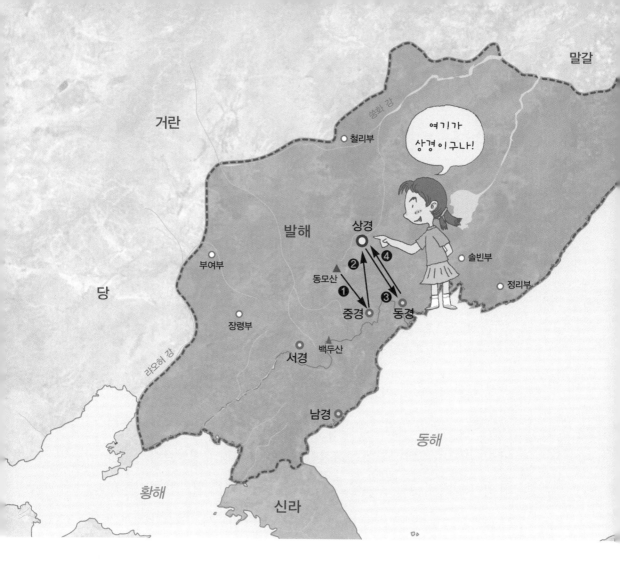

대 임금 문왕은 천도를 하기 위해 당나라의 장안과 같은 모습의 계획
도시를 건설했는데, 그 도시가 바로 상경이었지."

　서연이가 곧바로 질문을 했어요.

　"나라의 얼굴과도 같은 도성을 당나라와 같은 형태로 만들었는데,
발해가 고구려의 문화를 이어받았다고 하는 이유는 뭐예요?"

　외삼촌의 설명이 이어졌어요.

　"겉으로 보이는 도시의 모습, 그러니까 외성이나 내성 또는 주작대

로 등 외형은 당나라 장안을 본뜬 게 분명해. 하지만 그 안에 지은 궁궐이나 주택, 또는 사찰 등은 고구려의 양식을 그대로 따랐거든. 그곳에서 발견된 온돌과 기와의 장식 등이 고구려와 같은 모양이었던 거야."

"기왕에 그럴 거라면 도시의 겉모습까지 고구려 것을 이어받아 건설했으면 좋았을 텐데……."

"그건 옳지 않은 생각인 거 같은데?"

"왜요?"

"나라의 도성이라면 모름지기 정치나 외교, 그리고 외부의 침략을 효과적으로 막아 낼 수 있는 방어 전략 등을 충분히 고려해 세워야 하지 않겠니? 그런데 상경의 지리적인 조건이 고구려의 평양보다 당나라의 장안과 더 비슷해. 그럼에도 불구하고 명분에 치우쳐 고구려 도성의 모습을 고스란히 본떠 건설하는 게 과연 옳은 일일까? 언젠가 외부의 침략을 받게 되면 엄청난 피해를 입을 게 분명한데도 말이다."

"제가 너무 감정적으로만 생각했네요."

서연이는 순순히 고개를 끄덕였어요. 한때 나라의 운명을 걸고 전쟁을 벌였던 적대국이라 해도 우리 편에 도움이 되는 부분이 있다면 받아들이는 게 마땅하지요.

"상경을 비롯한 발해의 주요 도시는 고구려와 당나라 양식이 혼합되어 발달한 반면, 지방으로 내려갈수록 말갈족의 전통적인 토착 문화가 여전히 유지되어 있었어. 발해가 말갈족의 부족 생활을 행정 단위의 최

하부 조직으로 인정해 자치권을 주고 지역 방어 수단으로 운용했기 때문에, 상대적으로 지위가 낮았던 말갈족의 문화가 사라지지 않고 그대로 이어져 내려올 수 있었지."

서연이는 낮에 자료를 찾으면서 당나라 왕조를 다룬 역사서《구당서》에 '발해에 문자와 서기가 있었다.' 는 구절이 있음을 알게 되었어요. 이는 곧 발해가 한자를 이용해 독자적인 문자를 만들어 사용했다는 말이지요. 하지만 아직 그에 대한 확실한 증거가 발견되지는 않았답니다.

서연이는 발해 사람들이 자신들만의 문자를 사용할 정도였다면, 문학과 관련된 여러 작품들이 남아 있을지도 모른다는 생각이 문득 들었어요. 그래서 질문을 했지요.

"발해 사람들이 남긴 문학 작품은 전혀 발견되지 않은 거예요?"

"유감스럽게도 지금까지 발해 영토 안에서 발견된 작품은 없어. 하지만 사신 자격으로 일본에 건너간 발해 관리들이 현지에서 지은 몇 편의 시가 일본 문헌에 수록되어 있단다. 배구, 배정, 양태사, 왕효렴 등과 몇몇 승려들이 남겨 놓은 발해의 문학 작품은 일본의 한문학 발전에 상당한 영향을 준 것으로 알려져 있어."

한편, 발해도 주변의 신라나 당나라처럼 불교가 크게 유행했어요. 도읍이었던 상경에서만 대규모 절터가 10여 곳에서 발견된 것으로 미루어 볼 때, 전국적으로는 수많은 사찰이 있었겠지요.

이것은 상경성 절터에 있는 높이 6m의 거대한 석등이란다.

발해 석등

이게 상경성 제1궁전지에서 발견된 용머리상이군.

또한 반세기가 넘는 세월 동안 발해를 통치했던 3대 임금 문왕은 '금륜성법대왕'이라는 호칭을 사용하기도 했어요. 금륜성법대왕이란 '백성을 행복하게 해 주는 이상적인 임금이자, 부처님의 가르침을 진리로여겨 실천하는 군주'라는 뜻을 담고 있답니다.

임금에게 불교와 관련된 호칭이 따로 있었을 만큼 발해는 국가적으로 불교를 장려했어요. 발해 역시 불교를 통해 고단한 백성들의 마음을어루만져 주었던 것이지요.

서연이는 발해 사람들이 이룩해 놓은 거의 모든 유적이 사라져 버렸다는 사실에 다시 한 번 아쉬움을 느꼈어요. 나아가 언젠가는 대조영이호령했던 발해의 옛 영토를 달려보고 싶다는 생각도 하게 되었답니다.

한민족이 선택한 최고의 겨울나기
-온돌 난방

우리 조상들이 사용한 온돌은 기원전 5000년 전의 신석기 유적에서
부터 발견됩니다. 4세기 무렵의 황해도 안악 3호분 고구려 고분 벽화
에도 온돌이 그려져 있지요.

중국의 《구당서》에 '고구려 사람들은 겨울이 되면 긴 구덩이를 만든
뒤 밑에서 불을 피워 따뜻하게 한다.'고 기록되어 있고, 《신당서》에
도 그와 비슷한 내용이 있답니다. 그 무렵 당나라 사람들의 눈에 고
구려 온돌은 무척 신기한 장치였던 것이지요.

온돌은 한반도 북부와 만주 등 추운 지방에서 발달한 겨울나기 방식
이에요. 그러던 것이 세월의 흐름과 함께 남부까지 내려오게 되었고,
조선 후기에는 한반도 전체로 확산되었어요.

이와 같은 온돌의 일반화는 우리 민족의 생활 습관에도 커다란 영향
을 주었어요. 방바닥을 따뜻하게 달구는 방식이라 앉아서 생활하는
방식에 익숙해지게 되었고, 급기야는 모든 일을 방바닥에 앉아서 하
게 된 거예요.

이러한 생활 방식은 실내 가구 제작에도 영향을 주었어요. 거의 모든 시간을 앉아있기 때문에 가구의 크기나 문짝, 그리고 손잡이가 앉은 키에 알맞도록 만들어졌던 거예요.

또한 위계질서를 강조한 유학 사상이 확고하게 자리 잡은 조선 후기에는 여러 사람이 한 방에 있을 때 앉은 자리가 정해질 정도였어요. 가장 따뜻한 아랫목을 중심으로 서열 순서에 따라 차례대로 앉아야 했답니다.

3

불교에
뿌리를 둔
남북국의 문화

6

바다와 육지를 호령했던
남북국의 대외 교역

중·고등학교 교과서 관련 단원

• 중등 역사 교과서 :
〈단원 3-3 남북국의 문화와 대외 교류〉

• 고등 한국사 교과서 :
〈단원 1-6 동아시아 여러 나라와 교류하다〉

신라의 대외 무역과
　　바닷길을 장악한 장보고

통일 이후 정치·사회적으로 안정을 되찾은 신라는 시선을 나라 밖으로 돌려 다양한 대외 교역을 시작했어요. 외국 물건을 사오거나 국내 특산품을 내다 팔아 이익을 남기는 무역만을 한 것이 아니라, 젊은 학자들과 스님 등 인적 교류까지 활발하게 이루어진 거예요.

서연이는 신라의 주요 교역 대상국은 당나라였다는 사실에 고개가 갸웃거렸어요. 불과 얼마 전까지만 해도 목숨을 건 전쟁을 치렀던 두 나라가, 거짓말처럼 관계를 회복해 오랜 친구처럼 지내게 되었다는 게 이해할 수 없었던 것이지요.

서연이의 그런 생각을 읽기라도 한 듯 외삼촌이 설명해 주었어요.

"나라와 나라 사이에는 영원한 적도, 영원한 친구도 없다는 말이 있어. 나라의 이익을 위해서라면 무슨 일이든 할 수 있다는 얘기야. 신라가 나·제 동맹을 깨고 한강 유역을 차지한 것도, 제2차 세계 대전 당시

히로시마와 나가사키에 원자 폭탄을 투하했던 미국과 손을 잡고 경제를 되살린 일본의 선택 역시 그런 맥락에서 해석할 수 있지."

"사람들끼리 관계에서는 사소한 말다툼만으로도 평생 동안 만나지 않는 경우가 많잖아요? 옛 중국 사람들은 자식이 부모님의 원수를 찾아 죽이는 것을 당연한 일로 여기기도 했고요."

"사람 사이에 벌어지는 일은 개인적인 감정의 비중이 절대적인 반면, 나라 간의 관계는 이성적인 판단이 가능한 까닭일 거야. 게다가 나라의 선택은 수많은 백성들의 삶과 직결되어 있기 때문에, 어제보다는 내일을 바라볼 수밖에 없지 않겠니?"

서연이는 고개를 끄덕였어요. 지난날 전쟁을 했다는 이유로 나라 문을 닫아 버린다면 그만큼 국력은 약해질 테고, 그러다 보면 머지않아 멸망의 길로 접어들 수도 있겠다는 생각이 들었던 거예요.

"신라와 당나라는 나라 간에 이루어지는 공무역에 그치지 않고, 일반 백성들끼리 물건을 사고파는 사무역도 적극 지원했어. 당나라는 신라 사람들이 함께 모여 살 수 있도록 신라방이라는 마을을 조성한 뒤 그 안에 사찰(신라원)이나 여관(신라관)까지 지어 주었고, 감독관청인 신라소를 두어 스스로 신라방을 운영할 수 있도록 도와주었지."

재윤이가 물었어요.

"공무역이라는 게 뭐예요?"

"조공 형식의 거래가 대표적인데, 이를테면 상대적 약소국인 신라가 당나라에 조공을 바치면, 당나라 황제는 이에 대한 답례품을 하사하는 방식으로 이루어지는 거래를 말한단다."

"어떤 물건들이 오갔는데요?"

"신라에서는 주로 금이나 은으로 만든 세공품과 인삼 등을 당나라에 수출했어. 그리고 귀족들의 사치품인 비단과 공예품, 서적 등을 수입했지."

재윤이는 신라가 금과 은을 비롯한 값비싼 물건을 주고 당나라의 값싼 물건을 가져오는 것이 아니냐며 투덜거렸어요. 하지만 외삼촌은 고개를 가로저었지요. 비록 조공을 바치는 형태의 교역이지만 터무니없는 거래가 이루어진 것은 아니라며 이야기를 계속했어요.

"사실 당나라는 동북아시아의 최강국다운 포용력이 있었어. 외국인들에게 과거 시험을 치르게 해 관직을 내어줄 만큼 개방적인 나라이기도 했단다."

"외국인이 당나라의 벼슬을 할 수 있었다고요?"

"당나라는 '빈공과' 라는 외국인 전용 과거 제도를 만들어 시행했어. 학문이나 불경 공부를 위해 당나라로 유학 온 젊은이들에게 정식으로 당나라의 관리가 될 수 있는 길을 열어준 거야."

"신라 유학생 중에서 그 시험에 합격한 사람도 있었어요?"

"그럼. 그 당시 신라에는 과거 제도가 없었기 때문에 6두품 출신들은 아무리 능력이 뛰어나도 출세할 방법이 없었어. 그래서 당나라 유학생 중 6두품 출신 젊은이들이 유독 많았는데, 820년에서 906년 사이에 급제한 신라 유학생이 무려 58명에 이를 정도였지. 그 대표적인 인물로는 최치원을 꼽을 수 있어."

재윤이의 질문 공세가 계속되었어요.

"최치원은 당나라에서 어떤 일을 했어요?"

"최치원 역시 6두품 출신으로, 열두 살에 당나라로 유학을 떠났어. 졸음을 이겨내기 위해 가시로 살을 찌르며 공부를 한 최치원은 유학생활 6년만인 874년 당나라 빈공과에 합격했지. 그것도 장원 급제를 한 거야. 그 이후 당나라 관리가 된 최치원은 '황소의 난'이 일어나자 토벌대의 종사관이 되었어. 장안을 점령한 황소가 스스로 황제라고 칭하자, 당나라는 최치원이 쓴 '토황소격문'이라는 글을 사방에 뿌려 민심을 되돌리는 데 성공했단다."

　"그게 어떤 글이었는데요?"

"나라에 반역죄를 저지른 황소를 꾸짖는 내용이었지. 그런데 최치원의 글이 얼마나 논리적이고 준엄했는지, 황소가 읽다가 놀라 침상에서 굴러떨어질 정도였다고 해. 그 당시 백성들은 황소의 난을 평정한 것은 병사들의 창칼이 아니라 최치원의 토황소격문이었다고 입을 모았단다. 나아가 황소의 난이 평정된 뒤 황제는 큰 공을 세운 정5품 이상에게만 내리는 '자금어대'라는 붉은 주머니를 최치원에게 하사했어."

한편, 신라의 무역은 전남 완도에 청해진을 설치하고 해적들을 소탕한 뒤 바닷길을 장악한 장보고를 빼놓고 이야기할 수 없지요. 장보고에 대해서는 재윤이한테 완벽한 복수를 당한 뒤 한동안 입을 다물고 있던 은서 언니가 나서서 이야기해 주었어요.

완도 근처 섬의 지체 낮은 집 아들로 태어난 장보고는 말을 타고 활을 쏘는 데 탁월한 능력이 있었다. 그래서 장보고는 어려서 활 쏘는 복을 안고 태어난 아이라는 뜻의 '궁복'이라는 이름으로 불렸다.

머리가 영특하고 무예에 특출한 재능까지 갖추었지만 그의 앞날은 캄캄하기만 했다. 신라의 엄격한 신분 제도 때문에 재능을 발휘할 기회조차 얻을 수 없을 것이기 때문이었다.

고민을 거듭하던 장보고의 선택은 당나라였다. 외국인도 차별하지 않을 만큼 개방적이었던 당나라에서는 자신의 능력을 마음껏 펼칠 수 있을 것이라 여겼던 것이다.

당나라로 건너간 장보고는 타고난 재능을 한껏 발휘해 젊은 나이에 무령군 소장이라는 직책에 올랐다. 무령군은 서주(산둥 반도 지역) 절도사가 지휘하는 군대로, 이사도의 난을 평정하는 데 선봉장 역할을 했다.

그러니까 장보고는 반란을 일으킨 무리와 맞붙을 만큼 전투력이 뛰어난 부대에서 장교 생활을 했던 것이다. 그런 가운데 장보고는 신라인들이 해적에게 끌려와 노예로 팔려 가는 과정을 자주 목격하곤 했다.

장보고가 당나라 생활을 접고 신라로 돌아온 것은 828년이었다. 귀국하자마자 장보고는 흥덕왕에게 상소문을 올렸다. 수많은 우리 백성들이 당나라에 끌려가 노예 생활을 하고 있으니, 청해에 진鎭을 설치하고 해적들을 뿌리 뽑게 해달라는 내용이었다.

당나라 장교 출신 장보고의 충성 어린 상소문을 읽은 흥덕왕은 그 자리에서 청해진 설치를 결정하는 한편, 장보고를 청해진 대사로 임명하면서

군사 1만 명을 거느릴 수 있는 지휘권까지 주었다.

　신분제를 철저하게 지켜왔던 신라는 그동안 한 번도 평민에게 관직을 준 적이 없었다. 대사라는 직책 또한 없었다. 그런데 장보고가 신라의 평민 출신 첫 관료가 되었고, 그 직함이 청해진 대사였던 것이다.

　장보고는 청해에 진을 설치하고 가리포에 성을 쌓고, 수십 척의 배가 동시에 드나들 수 있는 항만 시설을 축조하여 전략적 거점을 건설했다.

　장보고는 그로부터 불과 몇 년 만에 서남해안의 수많은 섬을 거점으로 오랜 세월 동안 노략질을 해 왔던 해적들을 완전히 소탕해 버렸다. 당나라에서의 군대 생활 경험을 한껏 되살려 해적의 뿌리를 뽑아버린 것이다.

　해적이 사라지고 바닷길이 안정되자 장보고는 당나라와 일본을 오가며 무역을 하기 시작했다. 청해진을 중심으로 일본에서 활동하고 있는 신라 상인과 당나라에서 활동하고 있는 신라 상인을 이어주는 중계무역을 통해 엄청난 부를 쌓았다.

군사 1만 명의 지휘권과 막강한 재력까지 갖게 된 장보고는 신라에서 가장 주목받는 인물이 되었다. 더구나 장보고를 청해진 대사에 임명한 홍덕왕이 죽은 뒤 왕권 다툼이 벌어지면서 그의 입지는 더욱 넓어졌다. 청해진은 그 어떤 관리의 간섭도 받지 않는 독립적인 지역이기 때문이었다.

　　그런 가운데 장보고는 자신이 청해진 대사를 제수(임금이 직접 벼슬을 내리는 일) 받을 당시 시중으로서 많은 신세를 졌던 김우징에게 도와달라는 요청을 받았다. 그렇게 해서 왕권 다툼에 휘말리게 된 장보고는 군사를 이끌고 도성으로 진격해 민애왕을 죽인 뒤, 신무왕 김우징이 옥좌를 차지하는 데 결정적인 역할을 했다.

　　신무왕의 등극은 신라 역사상 처음으로 일어난 군사 반란의 성공을 의미했다. 장보고는 공로를 인정받아 감의군사라는 벼슬과 식읍 2천 호를 받았다. 하지만 신무왕이 보위에 오른 지 반년 만에 세상을 떠나면서 장보고는 모든 귀족들의 견제 대상이 되었다.

　　그리고 장보고는 841년, 귀족들이 보낸 자객 염장이 휘두른 칼에 찔려 목숨을 잃고 말았다. 당나라에서 돌아와 13년 동안 수많은 공적을 쌓았지만 왕권 다툼에 휘말리는 바람에 비참한 최후를 맞이하게 된 것이다.

　　장보고가 죽은 후 그의 부하들은 당나라와 일본으로 흩어졌고, 청해진에는 염장이 책임자로 부임했다. 하지만 주민들의 반발로 운영이 어려워지자 나라에서는 551년 청해진을 없애고 백성들을 오늘날의 전라북도 김제 지역인 벽골군으로 강제 이주시켰다.

은서 언니의 이야기가 끝나자 재윤이가 마른침을 꼴깍 삼키며 말했어요.

"역시 누나는 내 존경을 받아 마땅한 사람이야!"

그러자 은서 언니가 되받았어요.

"누나들 지식수준 운운하면서 한심하다고 큰소리쳤던 게 언제였더라?"

하지만 재윤이 역시 쉽게 물러설 리가 없었지요.

"에이, 누나! 이미 화해까지 해 놓고, 다시 시작하겠다는 거야?"

"아, 아니. 천만에. 내가 우리 재윤이를 얼마나 좋아하는데……."

결국 은서 언니가 먼저 꼬리를 내리고 마네요. 아무래도 그날 당했던 수모와 망신이 머릿속 깊이 새겨져 있는 모양이에요.

괘릉을 지키고 있는 아라비아 무인상의 수수께끼

경상북도 경주시 외동읍 괘릉리에는 신라 38대 임금이었던 원성왕의 무덤으로 추정되는 고분이 있어요. 흙을 쌓아 만든 무덤의 규모는 지름이 약 23m에, 높이는 6m 가량이에요.

이 무덤은 괘릉이라는 이름으로 불리기도 하는데, 왕릉을 만들 당시 임금의 유해를 본래 그곳에 있던 연못의 수면 위에 걸어 안장했다고 해서 '걸어 놓다' 는 뜻의 괘(掛)자를 써 괘릉이라는 이름이 붙게 되었답니다.

그런데 괘릉의 주인이 확실하게 밝혀지지 않은 것은 비문이 적힌 비석이 없기 때문이에요. 그런데 《삼국사기》에 '원성왕이 왕위에 오른 지 14년 만에 죽어 유해를 봉덕사 남쪽에서 화장했다.' 는 구절이 있어요.

또한 《삼국유사》에는 '원성왕릉이 토함산 동곡사에 있는데 그 절은 당시에 숭복사라 불렸으며, 최치원이 비문을 쓴 비석이 있다.' 고 기록되어 있답니다. 그런데 괘릉 근처에 숭복사 터가 있기 때문에 괘릉이 원성왕의 무덤일 가능성이 높다고 추정하고 있는 것이지요.

한편, 괘릉에서 남쪽으로 약 80m 떨어진 곳부터 동서로 약 25m 사이를 두고 돌사자 두 쌍, 문인석상 한 쌍, 무인석상 한 쌍 등이 얼굴을 마주한 채 늘어서 있어요. 그런데 문제는 무인석상이에요. 무인석상의 생김새가 신라인이 아닌 아라비아인의 모습을 하고 있는 거예요. 8세기에 만들어진 신라 임금의 무덤을 지키고 있는 아라비아 무인은 아직도 풀리지 않는 수수께끼에요. 왜 신라 임금의 무덤 앞에 아라비아 무인상을 조각해 세워놓은 것인지, 그가 실존 인물이라면 무슨 일을 담당했던 것인지 등등 모든 것이 의문에 쌓여 있답니다.

깊은 눈에 큰 코, 덥수룩한 수염이 정말 서역인의 얼굴이네!

다섯 개의 큰 길을 건설해
해외와 교역했던 발해

발해는 드넓은 영토를 효과적으로 다스리기 위해 각 지방의 주요 지점에 다섯 개의 도시를 건설했어요. 상경 용천부·중경 현덕부·동경 용원부·서경 압록부·남경 남해부 등 5경이 바로 그것이지요.

발해는 또한 이들 5경을 서로 연결하면서 외국으로 곧장 나아갈 수 있는 다섯 개의 교통로를 만들었는데, 그 길을 발해 5도라고 해요. 상경에서 동경을 거쳐 뱃길로 일본으로 갈 수 있는 길을 일본도라고 불렀고, 동경과 남경을 지나 동해안으로 신라의 금성까지 닿는 길을 신라도라고 했어요.

또한 상경에서 거란으로 가는 길은 거란도, 대조영과 고구려 유민들이 당나라에 의해 억류된 적이 있었던 영주에 닿는 길을 영주도라 불렀어요. 그리고 상경에서 서경을 거쳐 바닷길로 발해관이 있는 산둥 반도로 향하는 길을 조공도라고 했답니다.

서연이는 나라가 세워진 지 얼마 지나지도 않은 발해가 어떻게 다섯 개의 대도시는 물론, 전 국토를 촘촘하게 연결하는 도로망까지 갖출 수 있었는지 궁금했어요. 그 정도의 대규모 공사를 하려면 많은 자금이 필요할 것이기 때문이었지요.

"건국 초기의 발해는 5경과 5도를 한꺼번에 건설할 만큼 부자 나라가 아니었어. 대부분의 백성들이 고구려와 말갈의 유민들이었으므로, 당나라와의 군사적 충돌을 감당하기도 버거울 정도였지."

외삼촌의 설명이 서연이의 그런 궁금증을 조금씩 풀어 주었어요.

"그렇다면 어떻게……?"

"발해의 5경과 5도 건설은 건국 초기부터 10대 임금 선왕 때에 이르기까지 꾸준히 추진해 완성되었지. 그러니까 오늘날 아파트 단지를 조성해 건물을 지어 올리는 것과 같은 공사는 아니었단다. 나라 살림 형

편에 맞추어 일을 하다 보니 100년이 넘는 세월이 걸린 거야.”

은서 언니가 그 당시 발해 사람들을 두둔하고 나섰어요.

“그때는 지금처럼 중장비도 없었고, 건물이나 도로를 만들 자재 또한 구하기가 쉽지 않았을 거예요. 비록 오랜 세월이 걸리기는 했지만 대규모 계획도시를 건설하고, 전국을 잇는 다섯 개의 큰 도로를 만든 것만으로도 저는 발해가 대단하다는 생각이 들어요.”

외삼촌이 고개를 끄덕이며 말을 이었어요.

"그럼, 대단하고말고. 게다가 발해의 교통로 건설은 정치와 국방, 나아가 경제와 사회까지 고려한 공사였단다. 발해가 건설한 5도는 대부분 하천의 침식작용에 의해 움푹 파인 하곡(하천이 흐르는 골짜기)지대와 연계되어 있어서 수로와 육로를 병행할 수 있도록 했어. 또한 농경 지역에 대해서는 통치 기능을 원활하게 하고, 이곳저곳을 떠돌아다니는 유목민들이 그 길을 이용하면서 발해 백성으로서의 소속감을 갖게 되었지. 나아가 일본도와 조공도는 바닷길과 맞닿아 외교와 무역의 편리성까지 도모한 거야."

줄곧 입을 닫고 있던 재윤이가 질문했어요.

"발해는 외국이랑 어떤 물건들을 사고팔았어요?"

"발해 역시 대륙의 안방을 차지하고 있는 당나라와 교역이 가장 활발했어. 모피와 공예품 등을 수출하고, 비단과 서적 등을 수입했지. 발해도 신라처럼 많은 젊은이들이 당나라에서 유학을 했는데, 그중 10여 명은 빈공과에 합격하기도 했단다. 그리고 두 나라 사이에 교류가 활발해지자 당나라는 산둥 반도에 발해관을 설치해 발해의 사신이나 상인들이 편하게 지낼 수 있도록 편리를 봐주었지."

"신라하고는 친하게 지내지 않았던 거예요?"

"유감스럽게도 발해와 신라 사이는 그다지 좋지 않았어. 발해 사람들은 당나라와 손잡고 고구려를 멸망시킨 신라를 적국으로 생각했고, 신라는 발해의 갑작스러운 성장에 위협을 느낄 수밖에 없었던 거야. 특히 발해 2대 임금 무왕 때 당나라와 몇 차례 전투가 벌어졌는데, 당나라

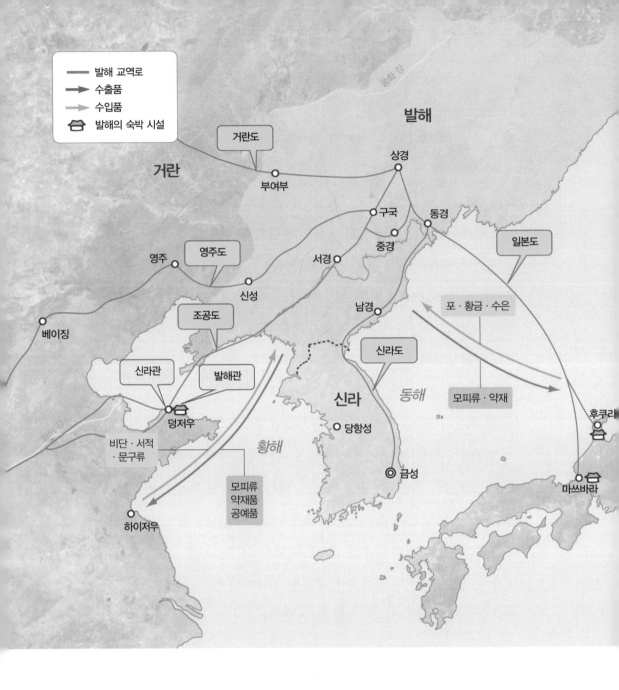

의 요청을 받은 신라가 733년에 발해를 공격한 적이 있었거든. 신라가

적극적으로 달려들지 않은데다, 추위 때문에 발이 묶여 발해 땅을 밟아

보지도 못했지. 하지만 군대를 출동시켰다는 사실 자체만으로도 발해

는 신라가 밉게 보일 수밖에 없지 않았겠니? 하지만 790년과 812년에 신라가 발해에 사신을 보냈고, 발해 역시 신라로 향하는 신라도를 건설한 것으로 보아 민간인들끼리의 거래는 꾸준히 이루어졌던 것으로 짐작하고 있단다."

발해가 신라와는 소원한 관계를 유지했지만, 일본과는 상당히 활발한 외교 활동과 교역을 지속했어요. 모피와 산삼 등을 수출하고 삼베와 귀금속 등을 수입했는데, 외교와 무역을 동시에 수행하는 사절 수백 명이 한꺼번에 일본에 건너가 활동을 할 정도였지요.

서연이는 발해가 당나라나 일본과 그랬던 것처럼 신라와도 가깝게 지냈으면 좋았을 텐데 하는 아쉬움이 오랫동안 가시지 않았어요. 만약 그랬더라면 우리 한반도의 역사는 또 다른 방향으로 나아갈 수 있었을 테니까요.

해동성국 발해의 마지막 왕이었던 15대 임금 대인선

발해의 마지막 임금 대인선은 14대 왕이었던 대위해의 뒤를 이어 926년 보위에 올랐어요. 하지만 그가 옥좌를 지키고 있을 때 발해가 거란에 의해 멸망당했기 때문에 시호는 없답니다.

대인선이 발해의 임금이 되었을 때 동북아시아는 급격한 변화의 소용돌이에 휩싸여 있었어요. 당나라는 황소와 안녹산의 난으로 흔들리기 시작했고, 그 틈을 타서 거란족이 추장 야율아보기를 중심으로 영토를 확장해 독립을 선언했지요.

916년 황제국을 자칭한 거란은 923년부터 발해를 본격적으로 공격하기 시작했어요. 925년 발해는 고령을 빼앗겼고, 926년 1월에는 북서부의 거점 도시인 부여부까지 잃고 말았어요.

그때부터 거란은 본국에서 대규모 병력을 데려와 발해를 공격하기 시작했는데, 거란군의 숫자가 약 22만 명에 달했답니다. 사기가 충천한 거란군은 파죽지세로 발해의 도성을 향해 내달렸고, 발해 도성을 지키던 수비군은 하루 밤낮 동안 교전을 벌였지만 끝내 항복할 수밖

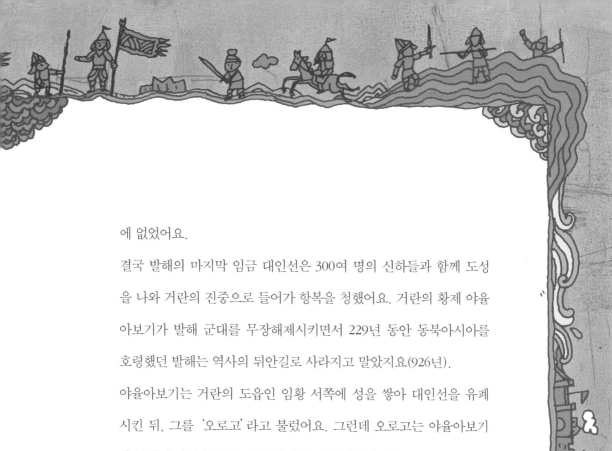

에 없었어요.

결국 발해의 마지막 임금 대인선은 300여 명의 신하들과 함께 도성을 나와 거란의 진중으로 들어가 항복을 청했어요. 거란의 황제 야율아보기가 발해 군대를 무장해제시키면서 229년 동안 동북아시아를 호령했던 발해는 역사의 뒤안길로 사라지고 말았지요(926년).

야율아보기는 거란의 도읍인 임황 서쪽에 성을 쌓아 대인선을 유폐시킨 뒤, 그를 '오로고'라고 불렀어요. 그런데 오로고는 야율아보기가 발해의 항복을 받을 때에 탔던 말 이름이었답니다.

4

신라의
사회 변화와
후삼국의 등장

7

진흙탕 싸움이 되어 버린
신라의 왕위 쟁탈전

●

중·고등학교 교과서 관련 단원

• 중등 역사 교과서 :
〈단원 3-4 신라 말의 사회 변화와 후삼국의 성립〉

• 고등 한국사 교과서 :
〈단원 1-6 동아시아 여러 나라와 교류하다〉

혼란을 불러온 권력다툼과
비틀거리는 신라

삼국을 통일하고 나·당 전쟁으로 당나라 세력을 몰아낸 신라는, 그 이후 오랫동안 평화와 번영의 시기를 누렸어요. 하지만 전쟁을 치르는 과정에서 왕에게 집중되었던 절대 권력은 힘을 잃기 시작했고, 나라의 기강이 해이해지면서 지방에 대한 통제력까지 약화되어 갔지요.

서연이는 바다에서 잡아 올린 생선을 도시로 옮길 때, 수조 속에 반드시 천적을 몇 마리 넣는다는 말이 떠올랐어요. 천적에게 잡아먹히지 않기 위해서는 바싹 긴장할 수밖에 없기 때문에 목적지에 도착할 때까지 생선이 팔팔하게 살아있다는 것이지요.

그런데 신라는 오랜 세월 평화로운 시기를 보내면서 긴장감을 잃어버렸다는 생각이 들었어요. 그래서 작은 충격에도 크게 흔들릴 수밖에 없는 연약한 나라가 되어 버린 거예요.

외삼촌의 이야기가 시작되었어요.

"765년 신라의 35대 임금 경덕왕이 세상을 떠나자 그의 맏아들 혜공왕이 보위에 올랐어. 그런데 왕위에 오를 당시 그의 나이는 겨우 일곱 살이었지."

재윤이가 눈을 동그랗게 뜨며 물었어요.

"예? 일곱 살이라면 이제 겨우 초등학교에 입학할 꼬마 나이잖아요?"

"비록 나이는 어렸지만 29대 임금 태종 무열왕 때부터 줄곧 왕위를 계승해 왔던 가문의 적장자였거든."

"아무리 그래도 그렇지, 세상에서 제일 좋은 게 장난감이라고 생각할 일곱 살짜리 꼬마가 어떻게 나라를 다스린대요?"

"그러게 말이다. 그 또한 신라의 불운이었어. 그렇지 않아도 왕권이 약화된 상황에서 나이 어린 임금이 등극하자, 진골 귀족들이 너 나 할 것 없이 얼굴을 디밀고 나와 제 세상을 만난 듯 활개를 치기 시작했으니까.”

“혜공왕 엄마가 도와줄 수도 있잖아요?”

“물론 혜공왕이 너무 어렸기 때문에 어머니인 만월부인이 섭정을 했지. 하지만 신라의 왕권은 이미 귀족들을 통제할 수 없을 정도로 약해져 있었단다. 왕실을 압박해 녹읍제를 부활시킨 뒤, 경제 기반을 확대한 진골 귀족들은 개인적으로 양성한 병사를 앞세워 권력 투쟁에 나선거야. 또한 전국 각지의 호족 세력들 역시 군사력을 키워 중앙의 왕실이나 귀족들에게 휘둘리지 않을 만큼 막강한 힘을 갖게 되었지.”

“나라가 완전히 혼란스러워져 버린 거네요?”

"그랬지. 그런 가운데 780년 이찬 김지정의 반란군이 궁궐까지 쳐들어와 혜공왕과 왕비를 시해했고, 반란을 진압한 상대등 김양상이 자신의 막강한 세력을 앞세워 37대 임금이 되어 보위에 올랐어. 그때부터 진골 귀족들은 힘만 있다면 누구나 임금이 될 수 있다는 생각을 하게 되었고, 왕위 쟁탈전 역시 본격적으로 시작되었지."

은서 언니가 걱정이 가득 스민 목소리로 말했어요.

"나라가 혼란스러워질수록 힘없는 백성들의 살림살이는 더욱 어려워지게 될 텐데……."

"당연한 얘기야. 진골 귀족들에게 주어진 녹읍은 세금만 거둘 수 있는 관료전과는 달리 그 지역의 노동력을 동원하는 권리까지 있었어. 따라서 일반 백성들의 부담은 더욱 커질 수밖에 없었지. 게다가 계속된 자연재해와 귀족들의 향락으로 나라 곳간이 바닥나면서 더욱 많은 세금을 내야만 했어. 그래서 토지를 잃고 노비가 되거나, 모든 것을 버리고 산으로 들어가 도적이 된 농민들이 무척 많았단다. 더불어 지방 호족들의 반란 역시 빈번하게 일어나기 시작했지."

"신라를 이끌어 나가는 중앙 귀족들이 하나같이 권력다툼이나 사치와 향락에 눈이 멀어 있으니 사회 전체가 무너져 내릴 수밖에 없었겠지요."

"은서가 정확한 지적을 해 주었네. 골품제 때문에 중앙 정치 무대에 발을 내디딜 수 없었던 지방 호족들이 활동 무대를 해외로 돌려 민간 무역을 주도하면서 부를 축적했어. 또한 막강한 경제력을 바탕으로 지역의 실질적인 지배권을 행사하는 한편, 성을 쌓아 스스로 성주라고 자처하면서 사병을 양성해 작은 왕국의 왕처럼 행세하기에 이르렀지."

9세기 이후에 나타난 신라의 사회 변화는 대지주의 성장과 대상인의 등장, 그리고 엄청난 토지를 소유한 사찰 등으로 구체화되었어요. 부자는 더욱 부자가, 가난한 자는 더욱더 가난한 사람이 되어 갔던 거예요.

외삼촌은 진성여왕 3년인 889년, 오늘날 상주 지방인 사벌주에서 일어났던 원종과 애노의 난에 대해 이야기해 주었어요.

"지배 계층의 끝없는 수탈로 더 이상 견딜 수가 없어진 농민들은 도적이 될 수밖에 없었어. 그 당시 중앙 귀족이나 지방 호족에게 소속된 사병이 아닌, 배고픈 농민들끼리 모여 지배 계층에 저항하는 도적 무리가 전국 각지에서 생겨나기 시작한 거야. 그러던 중 889년에 사벌주에서 농민 출신 원종과 애노가 반란을 일으켰는데, 《삼국사기》는 그 반란 사건을 다음과 같이 기록하고 있어. '원종과 애노 등이 사벌주에서 반기를 들었다. 진성여왕은 17관등 중 열한 번째 등급인 나마 벼슬을 하고 있던 영기에게 명하여 이들을 토벌하도록 했다. 하지만 영기는 겁을 먹고 원종과 애노 진영에 접근하지도 못했다. 다만 사벌주 관리 우련이 용감히 나가 싸우다 죽었다. 이에 여왕은 영기를 참수하고, 10여 세 된 우련의 아들에게 전사한 아버지의 지위를 잇게 했다.' 비록 큰 성과를 거두지는 못했지만, 원종과 애노의 반란은 신라 조정에 반기를 들고 일어난 최초의 농민 저항이라는 의의를 갖고 있단다."

212

서연이는 신라 후기의 모습을 머릿속에 그려보다가 답답증이 생겨 고함이라도 내지르고 싶은 충동을 느꼈어요. 그러니 당나라에서 유학을 마치고 돌아온 6두품 출신 젊은이들과 승려들의 심정은 더욱 참담했겠지요.

결국 당나라 유학파를 중심으로 한 젊은이들 사이에 골품제를 비판하는 목소리가 높아졌어요. 하지만 기득권을 지키려는 진골 귀족들의 방해 때문에 아무것도 할 수가 없었지요.

결국 6두품 출신 젊은 지성인들의 선택은 지방 호족이었어요. 중앙 정치를 독식하고 있는 진골 귀족들의 반대편인 지방 호족들과 손을 잡고 사회 개혁을 추진할 수밖에 없었던 거예요.

150여 년 동안 20명의 임금이 바뀐 신라 말기의 혼란

제36대 혜공왕은 태종 무열왕의 후손으로는 마지막 임금이었어요. 혜공왕이 반란군에 의해 목숨을 잃은 이후, 신라의 진골 귀족들은 모두들 왕이 되려는 꿈을 꾸게 되었고, 그 결과 150여 년 동안 20명의 왕이 바뀌는 혼란을 겪었답니다.

37대 선덕왕(780) - 김양상 - 내물왕의 10대손

38대 원성왕(785) - 김경신 - 내물왕의 12대손

39대 소성왕(798) - 김준옹 - 원성왕의 손자

40대 애장왕(800) - 김청명 - 소성왕의 아들

41대 헌덕왕(809) - 김언승 - 소성왕의 동생

42대 흥덕왕(826) - 김수종 - 소성왕의 동생

43대 희강왕(836) - 김제륭 - 원성왕의 증손자

44대 민애왕(838) - 김명 - 원성왕의 증손자

45대 신무왕(839) - 김우징 - 원성왕의 증손자

46대 문성왕(839) – 김경응 – 신무왕의 아들

47대 헌안왕(857) – 김의정 – 신무왕의 동생

48대 경문왕(861) – 김응렴 – 희강왕의 손자

49대 헌강왕(875) – 김정 – 경문왕의 맏아들

50대 정강왕(886) – 김황 – 경문왕의 둘째 아들

51대 진성여왕(887) – 김만 – 경문왕의 딸

52대 효공왕(897) – 김요 – 헌강왕의 아들

53대 신덕왕(912) – 박경휘 – 8대 아달라왕의 후손

54대 경명왕(917) – 박승영 – 신덕왕의 맏아들

55대 경애왕(924) – 박위응 – 신덕왕의 둘째 아들

56대 경순왕(927) – 김부 – 문성왕의 후손

4

신라의
사회 변화와
후삼국의 등장

8

견훤과 궁예의 등장과
후삼국의 성립

●

중·고등학교 교과서 관련 단원

• 중등 역사 교과서 :
〈단원 3-4 신라 말의 사회 변화와 후삼국의 성립〉

• 고등 한국사 교과서 :
〈단원 1-6 동아시아 여러 나라와 교류하다〉

삼국 통일 220여 년 만에
다시 세 나라가 된 한반도

원종과 애노의 반란이 일어난 지 2년이 지난 891년 10월, 오늘날의 원주 지방인 북원에서 세력을 키운 양길이 봉기했어요. 그 당시 죽주(경기도 안성)의 세력가였던 기훤에게 몸을 의탁하려다 멸시를 받은 궁예가 양길의 부하가 되면서 북원 세력은 날로 성장했지요.

한편, 892년에는 완산주(전북 전주)에서 의자왕의 원수를 갚겠다며 견훤이 반기를 들고 일어났어요. 견훤은 순식간에 무진주(전남 광주) 서남쪽 지역을 평정했고, 불과 한 달 사이에 5천 여 명이나 되는 신라 병사들이 귀순해 오면서 큰 힘을 발휘할 수 있게 되었답니다.

서연이는 신라의 분열이 당연한 결과라는 생각을 했어요. 나라를 이끌어 나가는 지도층이라면 모름지기 자기희생도 할 줄 알아야 하는데, 신라의 귀족들은 개인적인 욕심에 눈이 멀어 있었으니 후백제와 후고구려의 등장은 너무나 당연한 일이라고 여겨졌던 거예요.

오랜만에 시작된 전쟁 이야기에 신이 난 재윤이가 물었어요.

"그러니까 궁예는 처음부터 반란군 대장이 아니었던 거네요?"

"궁예는 신라 왕실의 후손으로 알려져 있는데, 그의 아버지가 누구인지에 대해서는 확인된 바가 없단다. 그래서 권력다툼에서 패배한 진골 귀족의 후손인데 후고구려를 세우면서 왕자 출신으로 신분을 높여 얘기했을 것이라고 생각하는 사람도 있지. 어쨌든 궁예는 어려서 출가해 스님이 되었는데, 훗날 양길의 부하가 되어 주천(예천) · 내성(영월) · 어진(울진) · 명주(강릉) · 화천 · 철원 등을 차례로 점령해 버렸어."

"양길이라는 사람, 완전히 땡잡았어요! 제 발로 걸어 들어온 부하가 엄청난 활약을 해 주었으니 얼마나 좋았을까요?"

하지만 외삼촌은 고개를 가로저었어요.

"반드시 그런 것만은 아니야. 궁예의 세력이 크게 불어나자 예성강 이북 지역 호족들이 앞다투어 투항을 해 왔고, 더 이상 양길의 부하 노릇을 할 필요가 없어진 궁예가 독립을 선언해 버렸거든. 그래서 화가 난 양길은 자신이 직접 거느리고 있던 부하들을 이끌고 궁예를 공격했지. 하지만 양길의 기습을 예상하고 있던 궁예에게 완벽하게 패배하는 바람에 모든 것을 빼앗기고 말았단다."

"능력이 뛰어난 부하가 반드시 좋은 것만은 아니네요. 어쨌든 궁예는 그때부터 대장이 되었던 거예요?"

"맞아. 하지만 네 말처럼 대장이 아니라 왕이 되었어. 실질적인 후고

구려의 건국이 그즈음이었으니까."

"아, 임금님……!"

재윤이가 고개를 끄덕였어요.

"그리고 896년에는 7월에는 송악(개성)의 대표적인 호족인 왕륭이 투항해 오자 궁예는 그의 아들 왕건을 철원 태수로 임명했어. 그리고 왕륭과 왕건 부자의 도움을 받아 경기 북부 지역과 서해안 일대를 점령했지. 또한 899년에는 군사를 이끌고 출전한 왕건이 청주 지방까지 점령해 소백산맥 이북 한강 유역 전체가 후고구려의 영토가 되었어. 이에 궁예는 왕건을 나라의 최고 벼슬인 아찬에 임명했단다."

그즈음 후백제의 기치를 세우고 신라 조정에 반기를 든 견훤은 900 년에 스스로를 백제왕이라 칭하면서 연호를 정개라고 정했어요. 또한 나라의 제도와 관직을 정비한 뒤 중국에 사신을 보내 외교 관계를 맺는 등 체계적인 나라의 모습을 갖추어 나갔지요.

그런데 견훤은 사실 백제와는 아무런 관련이 없는 인물이었어요. 그의 고향은 경상도 문경이었고, 신라의 군인으로 비장이라는 직책을 가진 완벽한 신라인이었던 거예요.

하지만 통일 이후 옛 백제 백성들에게 신라는 제대로 된 대우를 해주지 않았어요. 정복자로 군림해 온 신라 조정에 200여 년 동안 쌓인 불만이 견훤의 백제 재건이라는 한마디에 봇물처럼 터져 나와 순식간에 후백제를 건국하는 힘이 되어 주었던 것이지요.

그렇게 해서 후백제는 충청 중부 지역을 경계로 북쪽의 후고구려와

발해

궁예의 건국(901)

후고구려

동해

송악(개경) ○북원(원주)

황해

견훤의 건국(900)

완산주(전주) 신라

후백제 금성

무진주(광주)

대치하고, 동쪽으로는 상주·합천·진주를 잇는 국경선으로 신라와 마주하는 영토를 확보해 후삼국의 한 축으로 자리를 잡게 되었어요. 결국 신라의 정책 실패와 내부 분열이 한반도가 다시 세 나라로 나누어지는 원인으로 작용했던 거예요.

　서연이는 한 나라에서 나타날 수 있는 모든 부정적인 현상들을 고스

란히 드러낸 천년왕국 신라의 마지막 모습을 살펴보면서, 말로는 표현할 수 없는 안타까움을 느꼈어요. 나라를 이끌어 가는 지도층 인사들의 역할에 대한 중요성 또한 새삼스럽게 인식하게 되었고요.

하지만 이제 후삼국을 통일한 고려가 기다리고 있네요. 외세의 도움을 받지 않고 통일을 이룬 진정한 의미의 통일 국가 고려로 떠나는 시간 여행이 그 어느 때보다 기대되는 건, 신라 말에 거듭 느꼈던 쓸쓸함 때문일까요?

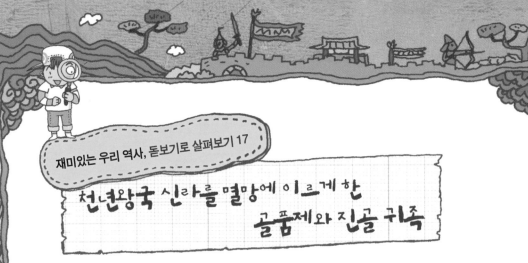

천년왕국 신라를 멸망에 이르게 한 골품제와 진골 귀족

신라의 골품제는 태어난 가문에 따라 정치·사회적으로 여러 가지 특권과 제약이 따르는 제도예요. 성골과 진골, 그리고 6두품에서 1두품까지 모두 8단계로 나누어져 있지요.

그중에서 가장 높은 품계인 성골은 왕위에 오를 수 있는 가문에서 태어난 사람들이지요. 그 다음 품계인 진골 역시 왕족이지만 왕이 될 자격은 없는 가문이었답니다. 하지만 진덕여왕 이후 성골의 대가 끊기면서 진골이었던 김춘추가 태종 무열왕이 되었어요. 태종 무열왕의 등극은 모든 진골에게 보위에 오를 수 가능성을 갖게 했지요.

만약 성골의 자손들이 번창해 진골에서 임금이 나오는

관등		골품				공복
등급	관등명	진골	6두품	5두품	4두품	
1	이벌찬					자색
2	이 찬					
3	잡 찬					
4	파진찬					
5	대아찬					
6	아 찬					비색
7	일길찬					
8	사 찬					
9	급벌찬					
10	대나마					청색
11	나 마					
12	대 사					황색
13	사 지					
14	길 사					
15	대 오					
16	소 오					
17	조 위					

사태가 벌어지지 않았더라면 신라의 운명은 또 다른 모습을 보였을지도 모를 일이에요.

8세기 후반 조정의 모든 관직을 독점하고 있는 진골은 엄청난 녹읍과 함께 사병까지 양성할 수 있으니 너 나 할 것 없이 왕위에 눈독을 들였어요. 그 결과 시도 때도 없이 왕이 바뀌곤 했지요.

자신들이 가진 온갖 혜택을 대대손손 물려주기 위해 만들었던 골품제는 결국 자기네들끼리 왕위 쟁탈전을 벌이게 했고, 급기야는 사회 혼란을 야기해 나라를 멸망으로 이르게 하는 결정적인 계기가 되었답니다.